本书系国家自科基金青年项目（11901427）、国家自科基金面上项目（12171360）的阶段性研究成果之一

混合养老金的最优投资及代际风险分担问题研究

王愫新　著

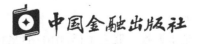

中国金融出版社

责任编辑：吕　楠
责任校对：孙　蕊
责任印制：程　颖

图书在版编目（CIP）数据

混合养老金的最优投资及代际风险分担问题研究／王愫新著．—北京：中国金融出版社，2022.8

ISBN 978-7-5220-1674-0

Ⅰ.①混…　Ⅱ.①王…　Ⅲ.①退休金—投资管理—风险管理—研究—中国　Ⅳ.①F249.213.4

中国版本图书馆 CIP 数据核字（2022）第 114337 号

混合养老金的最优投资及代际风险分担问题研究

HUNHE YANGLAOJIN DE ZUIYOU TOUZI JI DAIJI FENGXIAN FENDAN WENTI YANJIU

出版
发行　　中国金融出版社

社址　北京市丰台区益泽路2号

市场开发部　（010）66024766，63805472，63439533（传真）

网 上 书 店　www.cfph.cn

　　　　　　（010）66024766，63372837（传真）

读者服务部　（010）66070833，62568380

邮编　100071

经销　新华书店

印刷　北京七彩京通数码快印有限公司

尺寸　169 毫米×239 毫米

印张　8.25

字数　130 千

版次　2022 年 8 月第 1 版

印次　2022 年 8 月第 1 次印刷

定价　88.00 元

ISBN 978-7-5220-1674-0

如出现印装错误本社负责调换　联系电话(010)63263947

摘　要

　　进入 21 世纪以来，人口老龄化及其带来的社会影响是世界各国共同面临的问题。养老金作为退休收入的主要来源，实现了财富的重新分配，增加了社会保障，对社会的稳定和发展有着非常重要的作用。然而，人口老龄化的到来对一国的宏观经济、财政、金融和社会等诸多方面都带来了实质性的冲击，其中养老金体制面临的冲击和挑战更是前所未有，迫切要求进行根本性的变革。在人口老龄化的背景下走出养老金账户的财务困境，保持收支平衡，更决定着国民的退休福祉，甚至影响到社会和经济稳定的大局，这毫无疑问给政策制定者们带来了艰巨的任务和挑战。

　　养老基金管理的核心目标是在最大限度地保证养老金账户的稳定性和可持续性的前提下，尽可能获取更大的投资收益，实现养老金的增值。然而，养老金的投资能否取得预期的收益实际上会受到资本市场及其他诸多环境因素的影响。如何通过有效的资产配置，使参保人获得更好的养老保障是理论界和实务界共同关注的问题。本书将围绕上述目标，建立养老金模型，利用随机动态规划的方法寻找最优策略和相应的价值函数。

　　本书分四部分研究上述问题。第一部分研究了连续时间下目标收益型养老金（Target Benefit Plan）的随机模型。在该模型中，提前设定了养老金计划成员的缴费率，而收益给付将取决于养老基金的财富和预定的收益目标。假设基金可以投资于无风险资产和风险资产，计划管理者的目标是在整个分配期间尽量减少实际收益与预定目标之间的累积平方偏差和线性偏差，并尽量减少在终端时刻的不连续性风险。特别地，该模型从初始资金和持续缴费水平的角度来确定养老金计划的总成本，并运用随机控制理论对计划管理者的投资和收益决策进行建模，推导出使收益风险最小化和代际之间转移风险最小化的收益给付调整策略和投资策略，最后通过数值分析说明了最优策略关于金融市场参数的敏感性。第二部分在目标收益型养老金的框架下研究了考虑损失厌恶的养老金最优控制问题。该计划成员对于退休收益是损失厌恶的，其相对于时变目标收益水平的风险厌恶程度用 S 形效用函数度量。此模型的目标是在保证养老金的可持续性、稳定性和资金充足的前提下，为计划成员提供合理的退休福利（围绕预定目标），并在不同年龄组的人群中分担风险，同时保证未退休人员的账户安全。该模型利用鞅方法给出了无限时间下的最优收益给付策略和最优投资策略，使得收益风险最小化。研究发现，该模型能有效地为损失厌恶型参保人提供一个稳定和可持续的养老金账户。第三部分在前两部分的基础上，研究了连续时间框架下考虑代际之间风险分担的集体混合型养老金计划。在职人员的累计权益和退休人员的收益给付与养老金计划的账户财富挂钩。该模型将重点放在投资组合决策和养老金政策上，结合资产负债管理的思想，将未纳基金精算负债在参保人之间进行分摊，实现代际之间的风险分担，以动态调整养老基金的财务状况。该模型的目标是为计划管理者和参与者寻求一种最优的投资策略和风险分担策略，且在有限的时间范围内最大限度地减少中期调整给收益给付、缴费和终端财富带来的风险。利用随机最优控制方法，分别研究了二次损失函数和指数损失函数下养老金的最优控制问题。第四部分在随机利率背景下考虑了集体确定缴费型养老金的资产管理问题。在预先设定参保人的承诺退休收益水平下，实际退休收益给付是基于养老金账户的财务状况，通过代际之间的风险分担来吸收金融风险，减少退休收益的波动，确保为当前和未来退休参保人提供稳定的退休收益。研究发现，对于合理的初始资产价值和缴费率，最优策略能有效地实现上述目标。

人口老龄化既是中国所面临的一个必然趋势，同时又具有全球化的特征，上述问题都是实际养老金管理者正在摸索而理论上首次研究的新问题和新方向。本书综合运用金融数学与保险数学领域的多种理论和方法，借鉴国际养老基金投资经验，并采用理论与实践相结合的形式，分析模型的经济意义。

目　录

第一章 导 论

第一节 选题的背景和意义

一、选题的背景

老有所养是最基本的民生问题，而养老金是退休保障的主要来源之一，因此养老金制度的优化设计尤其重要。随着全球人口老龄化进程的加快，退休人员占比持续攀升，金融环境的变化和预期寿命的提高给养老金制度带来了很大的压力。而人口结构是对于一个地区或国家的经济和社会发展、养老金政策制定以及区域竞争力提升的重要因素，从中长期看，人口老龄化是现行中国养老保险体制面临的最严峻的挑战。如果说中国在过去几十年的快速发展受益于"人口红利"所带来的相对丰富的劳动力资源，那么可以说在不远的将来，随着人口老龄化时代的到来，养老问题所带来的财政危机将会成为政策制定者关注的核心问题。

目前全球关于养老金改革的主要动因，是出于对现有养老金制度的长期财政可行性的关注。过去十年间，国家财政的养老金支付成本增加，相反，投资回报率每况愈下。由于过低的收益率，养老基金多年来的累计结余一直在不断流失，面临巨大的保值增值压力。在一些国家，特别是拉丁美洲和东欧，养老金系统或多或少已经崩溃（Lindbeck 和 Persson，2003）。而在大部分发达国家，绝大部分退休金（经济合作与发展组织国家约有60%）都由国家埋单，养老金问题同样紧迫。鉴于预期人口结构和生产力的发展，养老金改革已成为一个全球性问题。在这样的背景下，积极推进养老金进入资本市场投资，显现出其必要性和紧迫性。合理设计的养老金体制能够保证养老保险在财政上的可持续性，而找到适合养老金的资产配置方案，是影响投资回报的最关键因素，在养老基金运营中的重要性日益突出。许多国家致力于寻找新的替代方案，以便为参保人和国家提供更好的风险分担。Lindbeck 和 Persson（2003）对于养老金改革定义了以下三个维度。

第一个维度即根据确定收益型（Defined Benefit，DB）和确定缴费型（Defined Contribution，DC）养老金的定义分类。在 DB 养老金中，计划管理者需要对参保人退休后的养老金待遇做出承诺，并承担相应财务风险，而在 DC 养老金中，参保人具有个人账户并承担所有的长期投资风险，即"每个人自己掌握自己的命运"。在过去的二十年中，股市一片惨淡，资金耗尽，雇主们陷入困境，全球老龄化问题加上不良投资经验导致 DB 计划普遍资金不足。许多国家将现有的养老金制度改革列入政治议程，逐步向 DC 计划转型。美国华盛顿员工福利研究中心的数据显示，美国 1979 年至 2009 年间，DB 计划中员工人数从 62% 跌至 7%，而在 DC 计划中该比例从 16% 上升至 67%（其余人同时受益于 DB 和 DC 计划）。然而，每种养老金制度都各有利弊，在 DB 计划向 DC 计划转型的同时，更多的风险也从雇主转移到了雇员身上。Merton（2014）指出，DC 计划迫使参保人作出一系列决策，例如缴费率和资产配置等问题。但是将复杂的投资决策置于缺乏现代金融市场知识的个人手中是有风险的。

第二个维度，指的是养老金的财务状况。现代社会养老保险制度可以划分为现收现付制、基金积累制和统账结合制。现收现付制养老金系统的收益来自现阶段课税，而基金积累制养老金系统中，退休人员的收益由养老金的累积投资回报提供。养老金制度面临的重点问题之一就是养老金的充足性。受到通货膨胀、人口老龄化、退休年龄延长等因素的影响，各代人从制度中所能获得的收益水平并不相同。

第三个维度，指的是养老金系统的平衡与公平。在保险文献中，"精算"一词用来描述两种截然不同的特征。一种是宏观经济特征，指金融系统的长期稳定性，一个稳定的系统即处于"精算平衡"（Diamond 和 Köszegi，2003）。另一种是微观经济特征，指个体层面的缴费与收益之间的关系，这一特征被称为"精算公平"（Kotlikoff，1996，1998；Fenge，1995）。假设任何养老金制度都必须是财政稳定的（即"精算平衡"），但是在一个财政稳定的养老金体系中，会选择不同程度的"精算公平"。现代养老保险制度的建立，目的在于使财富在不同代际之间转移来实现养老保障；由于无法通过自由谈判实现公平交易，自利性会驱使每一代人都希望从养老保险体系中获得更大的收益，并最终导致代际不公。

养老金制度改革的每个维度都突出了养老金系统的一个重要方面：风

险分担、储蓄总量和劳动力市场效率。在这样的时代背景下，混合养老金计划应运而生。代际转移是现代养老保险体系的运行机制与基本功能。社会养老之所以能取代家庭养老并发挥作用，主要在于实现了财富的代际转移。因此，混合型养老金计划的主要目标是在可持续的、稳定的和保证资金充足的前提下，为参保人提供更好的退休保障，并在不同代际（所有参保人，包括在职人员和退休人员）之间分担风险，抑或是参保人和计划管理者共同承担风险。它将纯粹的 DB 和 DC 养老金计划结合起来，将二者的优势集于一身，促进了代际公平和群体公平。目前多层次混合型养老保险体系正在为世界各国所推广，因为人们发现它处于 DB 和 DC 养老金计划的"中间地带"，且应用更加灵活。

二、选题的意义

现阶段我国的养老保险是以基本养老保险为主、补充养老保险（企业年金/职业年金）和个人储蓄性养老保险为辅的多支柱体系。人口老龄化进程的加快、预期寿命的提高等问题给养老金制度带来了前所未有的冲击。同时随着我国通货膨胀率持续高涨，养老基金出现了严重的贬值现象，基本养老保险的规模已无法满足高峰期的支付需求。立足于建立养老制度长效机制考虑，目前我国的养老金制度公平性不足，可持续性弱，共建共享欠缺。近几年混合型养老金计划活跃于欧美养老金市场，既实现了代际之间的利益共享，也可用于缓冲金融市场萧条时期的资金减少，为我国养老保险的发展提供一种有效的新思路。因此本书研究混合型养老基金的运营管理问题具有重要的实际应用价值。

养老基金的优化管理问题是将精算数学问题、组合投资问题与养老基金的管理问题结合在一起研究，也是一类极具理论研究价值的问题。投资范围的持续扩大，给养老金更多的自主灵活性，养老基金管理者如何通过调整资产配置，实现养老基金的保值增值是亟待解决的现实问题。此外，养老基金面临长期投资风险、利率风险、通货膨胀风险、长寿风险等背景风险，由于养老基金强调流动性和稳健性，因此考虑多种市场风险下混合型养老基金代际之间的风险分担和投资管理问题具有重要的现实意义。

第二节　国内外研究现状

一、DB 型和 DC 型养老金的优化管理问题

DB 型和 DC 型养老金在随机动态优化方面的文献已经相当丰富。在 Merton（1969，1971）提出最优投资组合问题以后，这一研究在养老金的相关文献中被广泛讨论。

在 DB 型养老金中，由于给付额是根据参保人最终工资水平提前确定的，所以关于 DB 型养老金计划的研究重点在于优化资产配置和缴费策略，以最大限度地降低管理者的风险。在目标选择方面，Haberman（1993）提及了 DB 型养老基金管理者面临的两方面风险：缴费风险和偿付能力风险，分别关系到养老金计划的稳定性和安全性。第一种风险以缴费率与正常成本的偏差来度量；第二种风险以未纳基金精算负债的规模来衡量。养老金管理者希望通过最小化上述两种风险的凸组合来保证养老金计划的稳定性和安全性。在这种方法中，凸组合中的权重系数分别代表了两种风险对于养老金管理者的重要程度。Haberman（1993），Haberman 和 Sung（1994），Haberman（1997）考虑了 DB 型养老金的优化管理问题并将此问题转化为线性二次最优控制问题。此外，遵循上述的双目标，Boulier 等（1995），Josa - Fombellida 和 Rincón - Zapatero（2001，2004，2008ab，2010），Ngwira 和 Gerrard（2007）对此问题进行了深入研究。其中 Josa-Fombellida 和 Rincón-Zapatero（2004，2008ab，2010）提出人口演化过程服从几何布朗运动，进而养老金缴费过程服从几何布朗运动，Josa-Fombellida 和 Rincón-Zapatero（2012）进一步假设养老金的缴费过程服从跳扩散模型，使 DB 型养老金模型更符合实际。

在 DC 型养老金中，参保人的缴费率是提前确定的，而退休后的收益给付额依赖于缴费率和养老金的投资收益。由于 DC 型养老金是个人账户，风险完全由参保人承担，而参保人主要面临两种风险：养老金积累阶段的投资风险和退休后的年金风险。在 DC 型养老金的研究文献中，许多学者对最优投资和缴费策略进行了深入探讨，包括对购买年金的时间及金额的优化问题。对 DC 型养老金优化管理问题的研究，一般以退休时刻终端财富的期望效用最大化为目标，从而求得最优的投资组合。例如，Boulier 等

（2001），Cairns 等（2006），Deelstra 等（2003），Gao（2006）在常相对风险厌恶（Constant Relative Risk Aversion，CRRA）效用函数下考虑了养老金的最优管理问题，Devolder 等（2003），Battocchio 和 Menoncin（2004）等文献研究了常绝对风险厌恶（Constant Absolute Risk Aversion，CARA）效用函数下养老金的最优投资问题。另外，为了兼顾收益与风险的平衡，Gerrard 等（2004），Haberman 和 Elena（2002），He 和 Liang（2013，2015）研究了养老金的损失成本最小化问题。

除此之外，Khorasanee（1996），Milevsky（1998，2007），Albrecht 和 Maurer（2002），Charupat 和 Milevsky（2002），Devolder 等（2003），Gerrard 等（2004）对退休时的年金风险和退休后的养老金优化管理做了深入研究。

二、混合型养老金的优化管理问题

回顾养老金制度的发展历史，DB 型和 DC 型养老金在社会保障体系中扮演着重要的角色。然而，伴随着人口结构的演变以及资本市场的发展，养老金制度有待进一步完善。

在 Wesbroom 和 Reay（2005）的研究报告中，与传统的 DB 型和 DC 型计划进行比较，提出了风险分担策略以及全球性的混合养老金计划发展趋势。随后 Pugh 和 Yermo（2008）介绍了经济合作与发展组织（OECD）国家中养老金制度的特征，将混合型养老金计划分为四类：现金余额养老金计划、养老金平衡计划、目标收益计划和基金补偿计划。此后，更多的混合型计划被陆续提出，并在相关文献中进行了讨论。Turner（2014）概述了世界各国提出的混合型计划的类型和发展情况，将四种不同的混合型计划作为案例进行了深入研究：包括荷兰的混合 DB 计划，瑞典的非融资类 DC 计划，美国、加拿大和日本的现金余额计划，以及德国的 Riester 计划。过去几年中，大约一半的 OECD 国家采取不同措施改善其养老金体系的财务可持续性（OECD，2015），具有新型风险分担功能的养老金计划被陆续提出。例如在荷兰（Kortleve，2013；Bovenberg 等，2016）和英国（Thurley，2014；DWP，2014）的 DA（Defined Ambition）型计划，加拿大的目标收益计划（Munnell 和 Sass，2013；CIA，2015）以及日本的 DB 型风险分担计划（Pugh 和 Yermo，2008）。

混合养老金计划最突出的特点是计划成员承担所有的风险；然而，这些风险由不同的代际共同分担，而不是由个人承担。在没有外部担保人担保的情况下，该计划促进了成员之间的风险转移，以便代际之间（包括尚未进入养老金计划的人口）的补贴可以维持稳定的福利给付水平。

在混合养老金计划与风险分担的背景下，有充分的证据表明，与传统的 DB 型养老金计划或个人账户下的 DC 型养老金计划相比，有效的代际之间的风险分担可以提高退休收益水平。Teulings 和 DeVries（2006）认为，如果个人可以在进入劳动力市场之前向其未来的劳动收入借贷并进行投资，那么他们的收益将会得到改善。他们发现代际账户可以通过调整当前的缴费和未来的退休收益来补偿投资亏损。由于存在许多不重叠的代际，通过风险分担，前一代参保人不仅能从当代参保人中受益，也能从后代中受益。Baumann 和 Müller（2008）将参保人的应计退休福利作为资金比率（基金资产的价值/负债）的函数，而不是投资回报的函数。他们将个人养老金计划与具有代际之间风险转移的养老金计划进行了比较，发现风险分担提高了参保人对风险的承受能力和对退休福利的期望效用。Gollier（2008）也证明，与个人养老金账户的参保人相比，集体养老金计划中代际之间的风险转移能有效改善当代和后代的退休福利。Cui 等（2011）通过对金融市场风险的实际描述，对各类养老金体系中的风险分担进行了比较分析，比如个人 DC 计划，集体 DC 计划和传统 DB 计划。他们发现，风险转移（由于调整机制）提高了养老金的整体效用。然而，至关重要的是，代际之间的风险分担应该以公平为原则，即转移风险不应过多或过少。因为前者会导致养老基金的不连续性风险（Westerhout，2011），后者可能会导致"掠夺银行"（Van Bommel，2007）。

目前已有部分文献研究在混合型养老金计划中寻找最优缴费和/或退休福利调整政策。例如，Khorasanee（2013）对 Dufresne（1988）所研究的 DB 计划进行修正，提出了一种新的混合型计划。在这种混合型养老金计划下，应用静态优化方法（所有决策参数都是常数），在 t 时刻将调整变量加入缴费和退休收益中，使得实际支付年金为目标福利与未纳基金精算负债的调整变量之和，而缴费水平则定义为正常精算成本与调整变量之和。Chen 等（2017）应用期权定价方法来研究集体混合养老金计划的动态流入和流出。他们在文中陈述了如何应用养老基金的政策调整来维持养老金计划的可持续性（即最小化参保人退出养老金计划的可能性）。此外，还有一些其他研究采用数值方法来研究混合养老金的优化问题。例如 Bovenberg 等（2014），用离散选择变量（即 0/1 变量）代表年轻一代参保人的"决策"，以此来模拟不连续性风险。关于这类方法的详细描述可以参见 Bovenberg 等（2007）和 Beetsma 等（2012）。Bovenberg 等（2007）从个人角度探讨个体的最优储蓄和投资策略，文献中研究了在各种制约因素下如何优化个人决策，并对基础模型进行扩展研究。特别地，Beetsma 等（2012）研究了具有代际之间风险分担的养老金制度，对参保人加入养老金计划进行约束，并限制从年轻一代向退休一代的风险转移，以减少不连续性风险。此外，还可参见 Beetsma 和 Romp（2016）与人口老龄化有关的代际之间风险分担的文献综述，参见 Bovenberg 和 Mehlkopf（2014）关于促进代际之间风险分担的养老金计划的优化设计和监管。

三、养老金管理的其他问题

在养老金的研究中，如何平衡风险与收益是最重要的课题。参保人权益的保证和社会保障系统的安全稳定都要求养老金管理者将风险控制在一定范围内。很多学者希望能同时兼顾养老金账户的安全性和收益性，即在一个模型中同时考虑到风险最小化和收益最大化。除了上文提到的针对不同类型养老金所做的研究工作，很多学者从不同切入角度讨论了养老金的优化管理。

第一类工作是利用资产负债管理（Asset-Liability Management，ALM）的框架建立养老金模型，以期更好地描述养老金账户中资产和负债的变动行为。经典的资产负债管理方法是根据关键变量（如资金比率，缴费率和退休福利给付）的预期结果和风险度量来评估养老金的绩效。这些理论已经在养老金的管理决策中被广泛应用。Chen 等（2016）研究了多阶段代际重叠模型的风险分担问题。在该文献中，他们假设了养老金资金比率和负债的波动区间，同时允许三个变量的调整，分别是养老金缴费率、养老金应计权益指数和税收。Baumann 和 Müller（2008）提出了具有代际之间风险转移的确定缴费型养老金计划，其中负债按无风险利率加上（或减去）资金比率高于（或低于）目标资金比率的确定比例。他们发现，代际之间的风险转移增加了未来员工的隐性风险承受力。更多详细的研究参见 Hoevenaars 和 Ponds（2008），Battocchio 和 Menoncin（2004），Baumann（2005），Siu（2005），Goecke（2013）及其中的参考文献。受此类研究的启发，本书第五章在 ALM 框架下解决了集体混合养老金的优化管理问题，此模型帮助养老金管理者在控制风险的条件下实现参保人的利益最大化。

第二类工作是以预定收益目标为导向，在整个时间周期内从利益相关者的角度最小化风险，而非仅考虑终端时刻的优化目标。这种考虑中期收益目标的方法在养老金的决策中更符合实际情况，因为计划管理者通常会根据过去的经验来选择最优的投资组合和/或退休收益给付水平。Vigna 和 Haberman（2001）考虑了个人面临的投资风险和年金风险，并在离散时间模型中考虑了一系列中期目标以及退休时刻与期望替代率相关的目标。Chang 等（2003）建立了养老金的线性—二次型优化目标，使得目标函数中对于资金赤字的惩罚力度更高。Gerrard 等（2006）假设退休人员可选择延期执行养老金年金化的同时，从养老金中提取一部分资金用于消费并将剩余部分进行投资，研究了 DC 型养老金计划的风险管理问题。作者首先得出了资金的中期策略，然后用于后面的模型优化。Cairns（2000）从养老金管理者的角度，探讨了连续时间下一般养老基金的建模和最优控制问题，用损失函数度量实际收益水平与预定目标的偏差。除了二次损失函数外，还研究了幂损失函数和指数损失函数下的最优控制问题。Vigna 和 Haberman（2001）将实际福利给付和预定目标之间的偏差作为 DC 型养老金账户的损失，通过优化投资策略使损失函数的值最小化。此类将损失函数作为目标函数的文献可参见 Boulier 等（1996，1997），Siegmann 和 Lucas（1999），Haberman 和 Elena（2002），Gerrard 等（2004）。这些成果为本书的研究提供了很好的理论基础。在本书的第三章、第四章和第六章，提出了连续时间下的目标收益型和集体确定缴费型养老金模型，并研究了如何有效地运营养老基金来规避风险和实现退休收益的最大化，更好地表达了参保人对退休福利的诉求。

第三节　研究内容与主要创新点

混合养老金计划在北美已经体现出了较高的市场成熟度，其中加拿大的目标收益型养老金计划（Target Benefit Plan，TBP）是其中重要的一种。加拿大新不伦瑞克省已经拥有运营目标收益计划所需的全部立法机构，TBP养老金在该省被称为风险分担养老金计划。包括安大略省、魁北克省、不列颠哥伦比亚省等在内的其他六个省份已经出台了允许 TBP 运营的法规，并且正在建立一个监管制度来概述这类养老金计划的具体规定。类似的混合养老金计划在美国也有体现，包括 DB 收益保障计划和现金余额计划。混合养老金是一种集体养老金计划，计划管理者承诺参保人在退休后可以拿到一个固定收益（与工资或缴费有关），以固定缴费（或在预先设定的范围内变化的缴费）为基础，目标收益水平通常与工资水平挂钩，但实际收益可能超过或低于目标，计划的成员通过调整其收益来分担养老金计划的风险（CIA，2015）。相比于 DB 或 DC 模式，混合养老金计划有固定的收益目标，使参保人有最低收益保障，降低了收益剧烈波动的风险。

混合型养老金制度将有助于提升养老金的风险应对能力，在实践中意义重大，也为中国的养老金制度改革和完善提供了经验借鉴。目前关于混合养老金的优化管理的研究文献还较少，有很大的研究空间。本书利用随机最优控制理论研究了混合养老金（例如，TBP、集体混合养老金、集体确定缴费型养老金等）的最优投资和缴费—收益调整机制，分析了不同混合养老金计划的运行机理，从计划运行过程中涉及的缴费、投资、退休收入等方面进行研究。在本书中，重点关注了混合养老金系统中代际之间的风险分担。在集体混合养老金计划中，资产由年轻一代和退休一代共同拥有，且要求强制性参与。这些养老基金投资于金融市场，通常部分投资于风险资产（股票）以获取风险溢价，投资风险由不同代际的养老金计划成员共同分担。投资过程中的盈余或赤字由年轻人、老人和后代共享或分担，通过调整缴费、退休收益给付或两者兼有，促进代际之间的风险转移。

一、研究内容

本书在一个世代重叠的人口模型下研究了混合养老金的风险分担和最优投资问题，通过对现有文献的深入了解，建立了更加符合实际的养老金模型和金融投资框架，并利用随机分析与随机最优控制的理论和方法对相应的问题进行求解。本书主要从三个方面进行研究，首先是目标收益型养老金的最优投资和收益调整问题，第三章、第四章考虑了这方面的内容。其次是在集体混合养老金模型中，同时考虑了退休人员的收益调整及在职人员的缴费调整问题，在第五章进行了详细讨论。最后是在第六章讨论了随机利率背景下集体确定缴费型养老金的资产管理问题。

本书共分为六章，主要内容如下。

第一章概述了养老金风险分担策略和最优投资研究的重要性和必要性，并对国内外相关研究的现状与进展进行了综述，为本书的研究做铺垫。

第二章阐述了本书涉及的理论研究方法——鞅方法、随机动态规划与 Hamilton-Jacobi-Bellman（HJB）方程的方法，并简要介绍了养老金研究的精算成本法。

第三章在连续时间下讨论了一种目标收益型养老金的最优投资和退休

收益给付问题。养老基金可以在一种风险资产和一种无风险资产上进行投资，风险资产价格过程由几何布朗运动描述。假设计划成员的缴费率是预先设定的，而退休收益的给付则取决于账户的经济状况，且养老金所面临的风险将在代际之间进行分担。另外本章考虑了随机工资以及工资变动与市场波动之间的相关性。利用随机最优控制方法推导出了基于收益风险（偏离目标的大小）最小化和代际之间风险转移最小化的最优投资策略和收益给付调整策略，并结合经济市场进行了实证分析。

第四章在目标收益型养老金的框架下加入行为金融因素，假设养老金参保人是损失厌恶的，并满足 S 形效用函数，同时设定最低退休收益保障。退休收益的风险以实际收益与目标收益的偏差来度量，其中目标收益为时间的函数。养老基金可以投资于一种无风险资产和多种风险资产，并且考虑了风险资产价格过程间的相关性。利用鞅方法得到了无限时间范围下的最优投资策略和最优收益给付策略，使得收益风险最小化。通过数值实例分析了市场参数对优化策略的影响，并与 CRRA 参保人的最优收益策略进行比较。研究发现，该养老金模型能有效地为损失厌恶型参保人提供一个稳定和可持续的养老金账户。

第五章在前两章的基础上采用连续时间随机模型研究集体混合养老金计划，根据该计划的执行情况，对在职人员的缴费率和退休人员的收益率同时进行调整。本章结合资产负债管理的思想，将未纳基金精算负债在参保人之间进行分摊，实现代际之间的风险分担。该计划的目标是为计划管理者和参保人寻求一种最优的投资策略和风险分担策略，在有限的时间范围内最大限度地减少收益调整和缴费调整带来的风险，同时最小化终端未纳负债的现值。利用随机最优控制方法，得到了该问题在两种损失函数（二次损失函数和指数损失函数）下的显式解。最后通过数值分析说明了最优策略关于金融市场参数的敏感性，以及不同风险厌恶程度下最优收益的变化。

第六章在随机利率环境下考虑连续时间集体确定缴费型养老金的优化控制问题。账户资金可以在无风险资产、股票和滚动债券上进行动态资产配置以获得收益并对冲金融风险。通过精算均衡原则建立缴费和退休收益模型，并假设参保人退休后获得的收益至少要满足基本的生活需求，即最低承诺收益水平。根据养老基金的充足性、退休收益的稳定性和代际之间风险分担的公平性三个现实目标，目标函数设定为使得退休收益调整（实际收益超过承诺收益的部分）和终端财富的期望效用最大化。在 CRRA 效用下，利用随机最优控制方法推导出最优策略的显式解并对最优策略进行了数值分析。

二、主要创新点

本书首次引入了连续时间下混合养老金计划的最优控制问题。这是一种跨越时间和代际分担养老金风险（指财务风险）的方法，它能够确保当前和未来退休人员的稳定退休收益，更加符合市场现状并具有经济意义。借助概率论与随机分析思想，得到了最优价值函数和相应的最优控制策略。总的来说，本书的主要创新之处有如下几点：

首先，研究视角的创新。多层次混合型养老保险体系正为世界各国所推广，为中国的养老金制度改革和完善提供了经验借鉴。目前国内外还鲜有对连续时间下混合型养老基金的风险分担和组合投资问题的研究结果，这是本书研究视角的一个创新。

其次，理论模型和方法的创新。本书在世代交叠的人口模型下研究连续时间混合型养老基金决策模型，在目标函数的构建上兼顾了基金的充足性、稳定性和可持续性，建立了更加符合实际的养老金模型和金融投资框架，实现理论模型上的突破。

最后，政策建议的创新。混合型养老金计划在北美和欧洲体现出较高的市场成熟度，促进了代际公平和群体公平，提升了养老金的风险应对能力。本书通过理论结果、数值模拟和实证研究，为养老金制度的改革、解决当前养老金的供需困境、服务国家发展大局提供科学有效的建议。

第二章 理论基础

第一节 养老金精算成本法

养老金体系在国民经济建设和社会保障中起到了举足轻重的作用。人口老龄化的加剧给养老基金的支付带来了巨大的压力。只有建立完善的养老保险基本制度，提高管理水平，才能促进社会保险事业的可持续发展。

在养老基金的运作过程中，养老基金累积计划是指为提供寿险或年金收益等刚性支出所必需的累积基金的预算计划。养老金计划参保人当前的累积资产净值，与未来收益的精算现值总额平衡。这种收益与缴费的平衡由精算成本法确定。

设养老金计划成员由年龄 a 时加入养老金计划，年龄 r 时退休。与此相适应的生存函数为 $s(x)$，$x \geqslant a$，且 $s(a)=1$。对于 $a \leqslant x < r$，影响生存概率的因素可以是死亡或其他原因，但对于 $x \geqslant r$，死亡是唯一的原因。假设在时间 t 达到 x 岁的参保人数为 $l(x, t)$，那么这些人加入养老金计划的时间为 u：$= t - x + a$。

在精算成本法中，未来待付的退休金债务不是在达到退休年龄时一次性确认，而是在养老金计划参保人的工作期间就逐步予以确认。为了表示始于 r 岁的退休收益的精算债务的累计值（accrual of actuarial liability），我们引入累积函数 $M(x)$。它表示未来退休金的精算现值按照精算成本法在 x 岁时应计的精算成本的比例。$M(x)$ 是非减右连续函数，且 $0 \leqslant M(x) \leqslant 1$。如果所有未来的退休金债务在进入养老金计划的年龄 a 时一次性确认，那么

$$M(x) = \begin{cases} 0, & x < a \\ 1, & x \geqslant a \end{cases}$$

通常情况下，我们考虑连续时间的精算成本法。则 $M(x)$ 的连续形式可以写为

$$M(x) = \int_a^x m(y) \, \mathrm{d}y, \ x \geqslant a$$

其中，$m(x)$ 称为养老金应计密度函数。当 $x > r$ 时，$m(x) = 0$。因此 $M(a) = 0$，且当 $x \geqslant r$ 时，$M(x) = 1$。在这种连续的情形下，

$$m(x) = M'(x), \quad a < x < r$$

在 $M'(x)$ 的间断点，密度函数 $m(x)$ 无定义。

引入累积函数后，我们可以应用精算成本法建立退休金累积理论。

一、在职参保人的精算函数

在连续时间下，假设在 t 时刻年龄为 x（$a \leqslant x \leqslant r$）的在职成员退休时的期末累计养老金成本为 $^{T}P(t + r - x)$，那么在 t 时刻年龄为 x 的在职参保人的养老金精算现值为

$$(aA)(t)：=\mathrm{e}^{-\delta(r-x)} \cdot {}^{T}P(t + r - x), \quad a < x < r$$

其中，δ 为贴现率。

而对于连续时间下应计密度函数为 $m(x)$ 的精算成本法，相应的正常成本（缴费）率为

$$P(t)：=\mathrm{e}^{-\delta(r-x)} \cdot {}^{T}P(t + r - x)m(x), \quad a < x < r$$

如果考虑累积函数为 $M(x)$ 的精算成本法，年龄为 x 的在职参保人在 t 时刻的精算累计负债为

$$(aV)(t)：=\mathrm{e}^{-\delta(r-x)} \cdot {}^{T}P(t + r - x)M(x), \quad a < x < r$$

年龄为 x 的在职参保人在时间 t 的未来正常成本的精算现值为

$$(Pa)(t)：=\mathrm{e}^{-\delta(r-x)} \cdot {}^{T}P(t + r - x)\int_{x}^{r} m(y)\,\mathrm{d}y$$

$$=\mathrm{e}^{-\delta(r-x)} \cdot {}^{T}P(t + r - x)[1 - M(x)], \quad a < x < r$$

根据未来正常成本精算现值的含义可知：

$$(Pa)(t) = (aA)(t) - (aV)(t)$$
$$= (aA)(t)[1 - M(x)]$$

二、退休参保人的精算函数

假设在时间 t 年龄为 x（$x \geqslant r$）的退休成员在退休时的初始退休年金为 $g(t - x + r)$，而 t 时刻年龄为 x 的退休参保人的每单位初始退休金，未来剩余收益的精算现值为

$$\overline{a}_{x}^{h} = \int_{x}^{\infty} \mathrm{e}^{-\delta(y-x)} h(y) \frac{\overline{s}(y)}{\overline{s}(x)}\,\mathrm{d}y, \quad x \geqslant r$$

其中, $\bar{s}(y)$ 是基于死亡力的生存函数, $h(y)$ 为退休收益的调整因子。那么, 该退休参保人未来总收益的精算现值为

$$(rA)(t): = g(t - x + r)\overline{a}_x^h, \; x \geq r$$

这样, 相应于 t 时刻年龄为 x 的退休参保人的精算累计负债 $(rV)(t)$, 等于他们未来退休收益的精算现值, 即

$$(rV)(t) = (rA)(t)$$

关于本节的更多详细内容可以参见 Bowers 等 (1997)。

第二节 投资组合问题研究方法

目前对最优投资组合选择问题的研究主要基于随机控制 (即 HJB 方程) 的方法和鞅方法, 下面两节将详细介绍这两种方法。

一、随机动态规划与 Hamilton-Jacobi-Bellman (HJB) 方程

在养老金的优化管理研究中, 许多学者在求解过程中采用由 Merton (1969, 1971) 提出的随机最优控制的理论与方法。本节将系统介绍随机动态规划理论的基本知识, 更多详细内容可以参见 Fleming 和 Soner (2006), Yong 和 Zhou (1999), Øksendal 和 Sulem (2005) 等的专著。

令 $(\Omega, \mathscr{F}, \mathbb{P})$ 是完备概率空间。$\{W(t)\}_{s \leq t \leq T}$ 是定义在 $(\Omega, \mathscr{F}, \mathbb{P})$ 上的标准布朗运动 ($W(s) = 0$, a.s.)。给定 $T > 0$ 和允许控制集合 U, 对 $\forall (t, x) \in [0, T) \times \mathbb{R}^n$, 考虑以下状态方程:

$$\mathrm{d}x(t) = b(t, x(t), u(t))\mathrm{d}t + \sigma(t, x(t), u(t))\mathrm{d}W(t) \qquad (2-1)$$

和约束条件

$$\begin{cases} x(t) = x, \\ u(s) \in U, \; s \in [t, T] \end{cases} \qquad (2-2)$$

可以把控制问题定义为对给定的 $(s, x) \in [t, T) \times \mathbb{R}^n$, 找到最优控制 $u^*(\cdot) \in U$, 使得下式最大化的问题:

$$E\left\{\int_t^T f(s, x(s), u(s))\mathrm{d}s + h(x(T))\right\}$$

下面定义价值函数 J 和最优价值函数 V。

定义 2.1 分别定义价值函数 J 和最优价值函数 V 如下:

(1) 价值函数 J: $\mathbb{R}^+ \times \mathbb{R}^n \times U \to \mathbb{R}$

$$J(t, x; u) = \mathrm{E}\left\{\int_t^T f(s, x(s), u(s))\mathrm{d}s + h(x(T))\right\}$$

(2) 最优价值函数 $V: \mathbb{R}^+ \times \mathbb{R}^n \to \mathbb{R}$

$$V(t, x) = \sup_{u \in U} J(t, x; u) \qquad (2-3)$$

这里的 x 和 u 满足式（2-1）和式（2-2）。

因此，从点 (t, x) 开始时，价值函数 $J(t, x; u)$ 是指控制规则为 u 时，在区间 $[t, T]$ 上的期望效用；而最优价值函数 $V(t, x)$ 则是在同样的初始条件下，在区间 $[t, T]$ 上的最优期望效用。那么，最优价值函数 $V(t, x)$ 满足如下定理。

定理 2.1 如果 $(x^*(\cdot), u^*(\cdot))$ 是问题（2-3）的最优解，则

$$V(t, x^*(t)) = \mathrm{E}\left\{\int_t^T f(s, x^*(s), u^*(s))\mathrm{d}s + h(x^*(T)) \mid \mathscr{F}_t\right\}, \ \mathbb{P}\text{-a.s.}, \ \forall t \in [0, T]$$

由于这一方程较复杂而难以求解，所以下面我们将要推导关于最优价值函数 $V(\cdot, \cdot)$ 的偏微分方程——HJB 方程。

命题 2.1 价值函数 $V \in C^{1,2}([0, T] \times \mathbb{R}^n)$，则 V 是以下二阶偏微分方程的解

$$\begin{cases} -v_t + \sup_{u \in U} G(t, x, u, -v_x, -v_{xx}) = 0, & (t, x) \in [0, T) \times \mathbb{R}^n \\ v(T, x) = h(x), & x \in \mathbb{R}^n \end{cases}$$

$$(2-4)$$

其中，

$$G(t, x, u, y, z) := -\frac{1}{2}\sigma(t, x, u)\sigma^T(t, x, u)v_{xx} - b(t, x, u)v_x - f(t, x, u),$$

$$\forall (t, x, u, y, z) \in [0, T] \times \mathbb{R}^n \times U \times \mathbb{R}^n \times \mathbb{R}^n$$

此处 $(\cdot)^T$ 表示向量或矩阵的转置。

方程（2-4）即称为 HJB 方程，当其中的系数满足一定的条件时，方程（2-4）有古典解。具体求解过程可参见 Fleming 和 Soner（2006）。本节定理的严格证明可以参见 Yong 和 Zhou（1999）。

二、鞅方法

在市场是完备的情形下，最优控制问题可以利用鞅方法求解。鞅方法的基本思想是，存在一个与原概率测度等价的新概率测度，使得基本资产价格过程的贴现在这个新测度下为鞅（或局部鞅），进而把一个动态的最优问题转化为一个静态的最优问题。求解过程分为两步，首先将优化问题转

化成求解在 T 时刻满足一定条件的最优随机变量的问题，然后利用市场的完备性得到在 $[0, T]$ 之间的最优策略。

在养老金管理问题的研究中，许多学者采用由 Karatzas 等（1987），Cox 和 Huang（1989）提出的鞅方法进行求解，例如 Boulier 等（2001），Deelstra 等（2003），Deelstra 等（2004），Hainaut 和 Devolder（2007）等。利用鞅方法求解期望效用最大化问题简洁明了，下面将介绍利用鞅方法求解优化问题的过程。一些详细的计算步骤可参见 Karatzas 和 Shreve（1998）和 Korn（1997）。

假设投资者将资金投资于金融市场中的一种无风险资产（债券）和 m 种风险资产（股票）。其中无风险资产的价格过程 $S_0(t)$ 满足

$$\mathrm{d}S_0(t) = rS_0(t)\mathrm{d}t, \ S_0(0) = 1$$

其中，r 是无风险利率。

股票的价格过程服从

$$\mathrm{d}S_1^{(i)}(t) = S_1^{(i)}(t)\left[b_i\mathrm{d}t + \sum_{j=1}^{d}\sigma_{ij}\mathrm{d}W_t^{(j)}\right], \ i = 1, \cdots, m$$

其中，$\boldsymbol{W}_t := (W_t^{(1)}, \cdots, W_t^{(d)})^T$ 是定义在完备滤过概率空间 $(\Omega, \mathscr{F}, \mathbb{P})$ 上的 d 维标准布朗运动（当 $m = d$ 时股票数量和布朗运动数目一致，市场是完备的，在这种情况下市场中的衍生品可以唯一定价）。$\boldsymbol{b} := (b_1, \cdots, b_m)^T$ 是这 m 种股票的期望收益率向量，$\boldsymbol{\sigma} := (\sigma_{ij})_{m \times d}$ 为股票的波动率矩阵。

本节讨论在时间范围为 $0 \le t \le T$，其中 $T > 0$ 为确定时刻，且 $m = d$ 的情况下投资者的最优投资策略。令 $\pi_t^{(i)}$，$i = 1, \cdots, m$ 表示 t 时刻在第 i 只股票上的投资比例，记 $\boldsymbol{\pi}_t := (\pi_t^{(1)}, \cdots, \pi_t^{(m)})^T$。那么投资者的财富过程 $X^{\pi}(t)$ 满足

$$\mathrm{d}X(t) = r(t)X(t)\mathrm{d}t + \boldsymbol{\pi}^T(t)\boldsymbol{\sigma}(t)X(t)[\boldsymbol{\theta}(t)\mathrm{d}t + \mathrm{d}W(t)] \tag{2-5}$$

其中，$\boldsymbol{\theta}(t) := \boldsymbol{\sigma}^{-1}(t)(\boldsymbol{b}(t) - r(t)\mathbf{1}_m)$ 表示风险溢价，$\mathbf{1}_m = (1, \cdots, 1)_{1 \times m}^T$ 是 m 维单位向量。

定义状态价格密度

$$H(t) := \exp\left\{-\int_0^t r(s)\mathrm{d}s - \frac{1}{2}\int_0^t \|\boldsymbol{\theta}(s)\|^2\mathrm{d}s - \int_0^t \boldsymbol{\theta}^T(s)\mathrm{d}W(s)\right\} \tag{2-6}$$

假设 Π 为所有可行投资策略的集合，$U(\cdot)$ 为投资者的效用函数。那么投资者的目标是使终端财富的期望效用最大，即

$$\max_{\boldsymbol{\pi} \in \Pi} \mathrm{E}[U(X(T))] \tag{2-7}$$

投资者财富的限制条件为

$$\mathrm{E}[H(T)X(T)] \leqslant X(0) \tag{2-8}$$

根据 Cox 和 Huang（1989），Karatzas 和 Shreve（1998）提出的鞅方法，利用 $H(t)$ 将限制条件为（2-8）的动态优化问题（2-7）转化为如下静态优化问题：

$$\max_{X(T)}\mathrm{E}[U(X(T))]$$
$$s.t.\ \mathrm{E}[H(T)X(T)] \leqslant X(0) \tag{2-9}$$

然后对于最优财富 $X^*(T)$，利用 $X^{\pi^*}(T) = X^*(T)$ 即可求得最优策略 $\boldsymbol{\pi}^*$。具体求解步骤如下。

首先，上述问题（2-9）是关于 $X(T)$ 的优化问题，直接利用 Lagrange 方法和 Kuhn-Tucker 定理，求解当约束条件等号成立的问题，可以得到 T 时刻最优财富过程为 $X^*(T) = I(\lambda H(T))$，其中 $I(\cdot)$ 为满足

$$I(x): = (U')^{-1}(x)$$

的 $U'(x)$ 的反函数，λ 为 Lagrange 乘子。根据 Kuhn-Tucker 定理可知，$X^*(T)$ 在约束条件等号成立时得到，因此 λ 满足约束方程

$$\mathrm{E}[H(T)X^*(T)] = X(0)$$

由于 $X(0)$ 是严格正的，所以 λ 也是严格正的。更多说明可参见专著 Mas-Colell 等（1995）。

定义 $M(t): = \mathrm{E}[H(T)X^*(T) | \mathscr{F}_t]$，则 $\{M(t)\}_{t \geqslant 0}$ 是鞅。根据鞅表示定理，存在循序可测随机过程 $\boldsymbol{\varphi}(\cdot) \in \mathbb{R}^n$，满足

$$M(t) = X(0) + \int_0^t \boldsymbol{\varphi}^T(s)\mathrm{d}\boldsymbol{W}(s),\ 0 \leqslant t \leqslant T$$

定义过程 $Y(t): = \dfrac{M(t)}{H(t)}$，由 Itô 公式可以得到 $Y(t)$ 满足的随机微分方程

$$\frac{\mathrm{d}Y(t)}{Y(t)} = r(t)\mathrm{d}t + \left[\frac{\boldsymbol{\varphi}^T(t)}{M(t)} + \boldsymbol{\theta}^T(t)\right][\boldsymbol{\theta}(t)\mathrm{d}t + \mathrm{d}\boldsymbol{W}(t)]$$

进而可以得到当投资策略为 $\boldsymbol{\pi}^*(t) = (\boldsymbol{\sigma}^T(t))^{-1}\left[\dfrac{\boldsymbol{\varphi}^T(t)}{M(t)} + \boldsymbol{\theta}^T(t)\right]$ 时，$X^{\pi^*}(T) = Y(T) = I(\lambda H(T))$。因此 $\boldsymbol{\pi}^*(t)$ 为最优投资策略。

下面以幂效用函数为例求解最优投资策略，即 $U(x) = x^\gamma/\gamma$，$\gamma < 1$ 且 $\gamma \neq 0$。

由 $X^*(t) = I(\lambda H(T))$，并由幂效用函数的表达式可得

$$X^*(T) = \lambda^{\frac{1}{\gamma-1}}(H(T))^{\frac{1}{\gamma-1}} \qquad (2-10)$$

同时 λ 满足

$$E\left[\lambda^{\frac{1}{\gamma-1}}(H(T))^{\frac{\gamma}{\gamma-1}}\right] = X(0)$$

即

$$\lambda^{\frac{1}{\gamma-1}} = \frac{X(0)}{E\left[(H(T))^{\frac{\gamma}{\gamma-1}}\right]} \qquad (2-11)$$

将式 (2-11) 代入式 (2-10), 有

$$X^*(T) = \frac{(H(T))^{\frac{1}{\gamma-1}}x}{E\left[(H(T))^{\frac{\gamma}{\gamma-1}}\right]}$$

则

$$M(t) = E[H(T)X^*(T) \mid \mathscr{F}_t]$$

由 Karatzas 和 Shreve (1998) 提出的方法求解, 财富过程的折现 $H(\cdot)X(\cdot)$ 是 $\mathscr{F}$-鞅, 所以

$$E[H(T)X^*(T) \mid \mathscr{F}_t] = H(t)X^*(t) = \frac{E\left[(H(T))^{\frac{\gamma}{\gamma-1}} \mid \mathscr{F}_t\right]x}{E\left[(H(T))^{\frac{\gamma}{\gamma-1}}\right]} \qquad (2-12)$$

构造指数鞅

$$Z(t) = \exp\left\{-\frac{\gamma}{\gamma-1}\int_0^t \boldsymbol{\theta}^{\mathrm{T}}(s)\,\mathrm{d}\boldsymbol{W}(s) - \frac{1}{2}\left(\frac{\gamma}{\gamma-1}\right)^2\int_0^t \|\boldsymbol{\theta}(s)\|^2\mathrm{d}s\right\}$$

则

$$(H(t))^{\frac{\gamma}{\gamma-1}} = \exp\left\{-\frac{\gamma}{\gamma-1}\int_0^t r(s)\,\mathrm{d}s + \frac{1}{2}\frac{\gamma}{(\gamma-1)^2}\int_0^t \|\boldsymbol{\theta}(s)\|^2\mathrm{d}s\right\}Z(t)$$

令

$$f(t) = \exp\left\{-\frac{\gamma}{\gamma-1}\int_0^t r(s)\,\mathrm{d}s + \frac{1}{2}\frac{\gamma}{(\gamma-1)^2}\int_0^t \|\boldsymbol{\theta}(s)\|^2\mathrm{d}s\right\}$$

因此, 式 (2-12) 可以简化为

$$M(t) = \frac{E\left[(H(T))^{\frac{\gamma}{\gamma-1}} \mid \mathscr{F}_t\right]x}{E\left[(H(T))^{\frac{\gamma}{\gamma-1}}\right]}$$

$$= \frac{f(T)\mathrm{E}[Z(T) \mid \mathscr{F}_t]x}{f(T)\mathrm{E}[Z(T)]} = \frac{Z(t)x}{Z(0)} = Z(t)x$$

进而

$$\mathrm{d}M(t) = -\frac{\gamma}{\gamma-1}M(t)\boldsymbol{\theta}^T(t)\mathrm{d}\boldsymbol{W}(t)$$

又由式（2-5）和式（2-6），对 $M(t)$ 应用 Itô 公式得到

$$\mathrm{d}(M(t)) = M(t)[\boldsymbol{\sigma}^T(t)\boldsymbol{\pi}^*(t) - \boldsymbol{\theta}(t)]^T\mathrm{d}\boldsymbol{W}(t)$$

即，$\boldsymbol{\varphi}(t) = -\dfrac{\gamma}{\gamma-1}M(t)\boldsymbol{\theta}^T(t)$。因此最优投资策略为

$$\boldsymbol{\pi}^*(t) = \frac{1}{1-\gamma}(\boldsymbol{\sigma}^{-1}(t))^T\boldsymbol{\theta}(t) = \frac{1}{1-\gamma}(\boldsymbol{\sigma}^T(t))^{-1}(\boldsymbol{\sigma}^{-1}(t))(\boldsymbol{b}(t) - r(t)\mathbf{1}_m)$$

第三章　考虑代际之间风险分担的
目标收益型养老金模型

本章考虑了连续时间下目标收益型养老金计划的随机模型，养老金计划参保人的缴费是提前确定的，而退休收益给付取决于养老金账户的财富状况。账户的风险由不同的代际进行分担。养老金管理者可以在无风险资产和风险资产上进行投资管理以规避市场风险。现有研究大多数以个人账户为优化目标，与之不同的是，本章特别考虑了集体养老金账户的资产管理问题，资产由参保成员共同拥有。同时，本章考虑了随机工资以及工资变动与市场波动之间的相关性。利用 HJB 方程及变分法，给出了最优投资策略和最优退休收益调整策略的解析解，使退休收益的风险（偏离目标的风险）和代际之间转移风险的组合最小化。通过数值分析说明了最优策略关于金融市场参数和工资率变化的敏感性。此外，本章还利用蒙特卡洛方法研究了最优退休收益如何随着不同的目标水平而变化。

值得注意的是，在现有的关于养老金风险管理的研究中，风险资产的最优投资策略是未来潜在资金缺口的固定比例。比例系数的形式与 Merton（1969，1971）类似。在本章的目标收益型养老金中，从精算数学角度进行分析，最优收益给付额等于目标收益水平加上对成员风险厌恶的静态调整和对养老基金市场表现的动态调整。与以往最优消费问题的结果不同，代际之间的风险分担只影响最优退休收益的给付，而不会影响最优资产组合决策。因此，本章的工作指出了从养老金计划整体考虑优化问题而不是个人角度（其目标通常考虑消费效用）时产生的重要差异。这使得养老金的资本结构更加完整，也是非常有现实意义的。

第一节　模型描述

一、金融市场

在金融市场中养老金管理者可将养老金投资于一种无风险资产（债券）

和一种风险资产（股票）。无风险资产的价格过程满足

$$dS_0(t) = r_0 S_0(t) dt, \quad t \geq 0 \tag{3-1}$$

其中，r_0 是无风险利率。

假设股票在时间 t 的价格过程满足如下的随机微分方程：

$$dS_1(t) = S_1(t)[\mu dt + \sigma dW(t)], \quad t \geq 0 \tag{3-2}$$

其中，$W(t)$ 是定义在完备滤过概率空间 $(\Omega, \mathscr{F}, \mathbb{P})$ 上的一维标准布朗运动，μ 是股票的期望收益率，σ 为瞬时波动率。μ 和 σ 均为正常数，为了避免存在套利机会，假设 $\mu > r_0$。

二、目标收益型养老金模型

考虑一个养老金计划，其中包括在职参保人和已经退休的参保人。在职参保人向养老金账户连续缴纳保费，而退休参保人从养老金账户中以年金的形式获得退休收益。假设所有的养老金计划参保人在年龄 a 进入养老金计划，在年龄 r 的时候退休。其中人口数量的变化由生存函数 $s(x)$ 描述，满足 $s(a) = 1$，$a \leq x \leq \omega$。假设当 $a < x < r$ 时，人口的变化由死亡或者其他原因导致，而 $x > r$ 时死亡是造成人口减少的唯一因素。

类似于 Bowers 等（1986）中使用的符号，假设在 t 时刻年龄为 a 的新进人口的数量为 $n(t)$。在 t 时刻年龄达到 x 的参保人的人数为

$$n(t - (x - a))s(x), \quad x > a$$

其中，$t - (x - a)$ 是该年龄群的参保人加入养老金计划的时间。值得注意的是本章中 $t - (x - a)$ 可以为负数，仅表示 t 时刻年龄达到 x 的参保人在 $x - a$ 年前加入了养老金计划。那么在 t 时刻在职的参保人总数为

$$\mathscr{A}(t) = \int_a^r n(t - (x - a))s(x) dx \tag{3-3}$$

而在 t 时刻已经退休的参保人总数为

$$\mathscr{R}(t) = \int_r^\omega n(t - (x - a))s(x) dx$$

由于退休后的养老金给付额与退休前的工资水平有关，假设在 t 时刻达到退休年龄的参保人的当期工资为 $L(t)$。本章中假设 $L(t)$ 满足如下的随机微分方程：

$$dL(t) = L(t)(\alpha dt + \eta d\overline{W}(t)), \quad t \geq 0 \tag{3-4}$$

其中，$\alpha \in \mathbb{R}^+$ 是工资的期望瞬时增长率，反映了通货膨胀和生产力提高带来的影响。$\eta \in \mathbb{R}$ 是波率，$\overline{W}(t)$ 是另一个标准的布朗运动。假设在 $\mathbb{P}$ 概率测

度下 $\overline{W}(t)$ 与 $W(t)$ 相关，相关系数为 ρ。

目标收益型养老金为参保人提供从退休年龄 r 开始的连续支付的终身年金。假设退休初始年度的养老金给付额为退休时当期工资的一定比例，体现养老金作为主要的收入来源对工资的替代程度以及对购买力的保持程度。具体而言，对于在时间 t 退休并且当期工资为 $L(t)$ 的参保人，假设初始养老金收益给付额为 $f(t)L(t)$，其中 $f(t)$ 为养老金计划管理者根据养老金状况所决定的一个控制变量。函数 $f(t)$ 可以被认为是在 t 时刻适用于新退休参保人的工资替代率。

为了确定在时间 t 时年龄为 x（$x \geq r$）的退休参保人的养老金收益率，引入一个新的工资率 $\widetilde{L}(x, t)$ 作为该年龄参保人在退休时（$x - r$ 年前）的当期工资，并将其定义为

$$\widetilde{L}(x, t) = L(t)e^{-\alpha(x-r)}, \; t \geq 0, \; x \geq r \qquad (3\text{-}5)$$

用 t 时刻退休的参保人的工资作为出发点，以确定的指数增长率 α 进行贴现。显然这不同于参保人退休时的实际工资，而且退休时的实际工资和假定工资之间的预期差异会随着年龄而增加。然而，随着年龄的增长，退休参保人的数量不断减少，当 η 的取值在合理范围内，这一假设对结果的影响可以忽略不计。同时，这一假设使我们能够得到下一节中提出的最优控制问题的显式解。

假定该养老金计划以固定的年利率 ζ 对退休后的养老金给付额进行调整。因此，对于年龄为 x 的退休参保人，即，$x - r$ 年前退休的参保人，有两个调整因子作用于工资率 $\widetilde{L}(x, t)$：一个是 $e^{\zeta(x-r)}$，表示退休后生活成本的调整，另一个是 $f(t)$，表示在时间 t 时适用于所有退休参保人的控制变量。因此，根据方程，在 t 时刻适用于年龄为 x 的退休参保人的收益给付额可以表示为

$$B(x, t) = f(t)\widetilde{L}(x, t)e^{\zeta(x-r)} = f(t)L(t)e^{-(\alpha-\zeta)(x-r)}, \; x \geq r \qquad (3\text{-}6)$$

类似于 Kortleve（2013）所描述的过程，退休后养老金费率的调整过程包括两方面：提高生活成本费用，以及根据养老金账户的基金状况调整"负担能力"。

此外，该计划在 0 时刻预先设定的退休福利总额的目标为 B^*，这是计划旨在向当时退休的群体提供的初始养老金给付额。考虑到通货膨胀等市场因素，该总体目标收益以固定比率 β 呈指数增长。值得注意的是，β 不一

定等于生活成本的增长率 ζ 。因此在时间 t（ >0 ）时，退休福利总额的目标是 $B^* e^{\beta t}$ 。

所有退休参保人在 t 时刻的实际总收益 $B(t)$ 可以通过对所有退休参保人（年龄 r 和年龄 ω 之间）调整后的退休金进行积分来计算，即

$$B(t) = \int_r^\omega n(t - x + a)s(x)B(x, t)\mathrm{d}x$$

$$= \int_r^\omega n(t - x + a)s(x)f(t)L(t)e^{-(\alpha-\zeta)(x-r)}\mathrm{d}x$$

$$= I(t)f(t)L(t), \ t \geq 0 \tag{3-7}$$

其中，$I(t)$ 是 t 的函数，定义为

$$I(t) = \int_r^\omega n(t - x + a)s(x)e^{-(\alpha-\zeta)(x-r)}\mathrm{d}x$$

同时，在目标收益型养老金中，在职参保人持续向养老金账户缴纳费用。假设 c_0 是每个在职参保人在 0 时刻的瞬时缴费率。假设缴费率会随着时间增长，并且增长率与工资的瞬时增长率相同，即为 α 。在以往的养老金模型中，通常假设保费费率是恒定的，但是考虑金融市场的波动，动态保费率更具实际意义。这一假设有以下三种原因：首先，虽然工资有随机波动，但在实际市场中这些波动并不会很剧烈，因此为了计算保费可以忽略这部分影响；其次，我们希望更多地关注参保人退休后收益的风险而不是缴费风险；最后，以这种方式简化目标收益型养老金模型使得我们能够获得最优控制问题的显式解。因此，所有在职参保人在 t 时刻的总缴费率为

$$C(t) = \int_a^r n(t - x + a)s(x)c_0 e^{\alpha t}\mathrm{d}x = C_1(t) \cdot e^{\alpha t}, \ t \geq 0 \tag{3-8}$$

其中，$C_1(t)$ 也是关于 t 的非负函数，由下式给出：

$$C_1(t) = c_0 \int_a^r n(t - x + a)s(x)\mathrm{d}x = c_0 \mathscr{A}(t)$$

关于 $\mathscr{A}(t)$ 的定义参见式（3-3）。当养老金计划的人数稳定，即 $n(t - x + a)$ 是常数时，$C_1(t)$ 是一个正常数，此时所有参保人总缴费的增长率与每个成员缴费的增长率相同。

在下面的小节中，针对上述养老金模型，根据养老金投资的动态过程、在职参保人的缴费过程以及支付给所有退休参保人的福利来计算养老金的财富过程，然后为目标收益型养老金计划设定一个连续时间的随机最优控制问题。

三、随机最优控制问题

本章考虑了目标收益型养老金的投资管理和退休收益的调整问题。假设养老金管理者可将养老金投资于一种股票和一种债券。其中股票和债券的价格过程分别满足式（3-1）和式（3-2）。假设市场上不存在交易费用和税收等，同时卖空是允许的。令 x_0 表示账户的初始资金，$\pi(t)$ 为 t 时刻投资在股票上的资金额，$X(t)$ 表示在 t 时刻养老金的财富过程，则 $X(t)$ 满足下面的随机微分方程：

$$
\begin{cases}
\mathrm{d}X(t) = \pi(t)\dfrac{\mathrm{d}S_1(t)}{S_1(t)} + (X(t) - \pi(t))\dfrac{\mathrm{d}S_0(t)}{S_0(t)} + (C(t) - B(t))\mathrm{d}t \\
X(0) = x_0
\end{cases}
$$

$$(3-9)$$

将式（3-1），式（3-2），式（3-7）和式（3-8）代入上面的方程可以得到

$$
\begin{cases}
\mathrm{d}X(t) = [r_0 X(t) + (\mu - r_0)\pi(t) + C_1(t)\mathrm{e}^{\alpha t} - I(t)f(t)L(t)]\mathrm{d}t + \pi(t)\sigma\mathrm{d}W(t) \\
X(0) = x_0
\end{cases}
$$

$$(3-10)$$

定义 $\boldsymbol{\pi} = \{(\pi(u), f(u))\}_{u \in [t, T]}$ 为养老金管理者在 $[t, T]$ 时间内采取的策略。这一策略包括 u 时刻投资在风险资产上的金额 $\pi(u)$ 和 u 时刻对退休收益给付额的调整因子 $f(u)$，$u \in [t, T]$。下面对可行策略进行定义。

定义 3.1　（可行策略）对任意 $t \in [0, T]$，称策略

$$\boldsymbol{\pi} = \{(\pi(u), f(u))\}_{u \in [t, T]}$$

为可行策略，若其满足以下条件：

（1）$\boldsymbol{\pi}$ 是 $\mathscr{F}_t$-可料过程；

（2）对于 $u \in [t, T]$，$f(t) \geqslant 0$，$\mathrm{E}\left[\int_t^T [\pi(u)]^2 \mathrm{d}u\right] < +\infty$；

（3）$(X^{\boldsymbol{\pi}}, \boldsymbol{\pi})$ 是方程（3-10）的唯一解。

实际上，目标收益型养老金的目标有三个方面：提供足够的退休收益（达到或超过目标），维持稳定的收益水平（在目标上下小幅波动），尊重代际之间的公平性（限制代际之间的风险转移）。从初始资金和持续缴费水平的角度来确定该计划的总成本，并运用随机控制理论对计划管理者的投资和退休收益决策进行建模，寻求实现这三个相互影响的目标的最优策略。

本章所考虑的养老金计划包括在职参保人和退休参保人，因此养老金

管理者必须选择合理的资产配置和退休收益的调整策略，使二者在利益之间达到平衡。理想的情况是，基金以稳定和可持续的方式向每一位退休参保人发放退休金，使得他们在退休期间的收益尽可能地接近目标，而在终端时刻既不"掠夺银行"，也不为后代留下过多的资金，即养老基金在任意终端时刻 T 都应该有一个合理和公平的价值。假定养老金在时间 T 时的一个保守目标是初始基金按照无风险利率指数增长后的价值，即 $x_0 e^{r_0 T}$。养老金计划的不连续性风险（代际风险转移过多或过少）可以用基金的实际终值 $X(T)$ 与该目标之间的二次偏差来度量。同样，退休收益的风险由 t 时刻的实际总收益 $B(t)$ 和目标收益 $B^* e^{\beta t}$ 之间的偏差来度量。养老金计划管理者的目标是最小化这些风险。此类优化控制目标兼顾了风险与收益的需求，也符合了养老金管理实践中的优化目标。

本章建立了集体账户的动态模型，在优化目标中对各个时点的累积退休收益加以控制。由于参保人可能会关心亏损风险（退休收益低于目标水平）和收益的不稳定性（相对目标的正负偏差），因此在目标函数中通过一次和二次偏差项来衡量收益风险。参保人对实际退休收益与目标之间的正向和负向偏差的偏好是不同的，通过负的一次偏差项体现对正向偏差的偏好和对负向偏差的厌恶。令 $J(t, x, l)$ 表示 t 时刻的目标函数，x 和 l 分别为养老金账户的财富和当期工资。综上所述，养老金管理者和参保人的优化目标 $J(t, x, l)$ 有如下表达式：

$$
\begin{cases}
J(t, x, l) = \mathrm{E}_{\pi, f} \left\{ \int_t^T \left[(B(s) - B^* e^{\beta s})^2 - \lambda_1 (B(s) - B^* e^{\beta s}) \right] e^{-r_0 s} ds \right. \\
\qquad\qquad \left. + \lambda_2 (X(T) - x_0 e^{r_0 T})^2 e^{-r_0 T} \mid X(t) = x, L(t) = l \right\} \\
J(T, x, l) = \lambda_2 (X(T) - x_0 e^{r_0 T})^2 e^{-r_0 T}
\end{cases}
$$

$$(3-11)$$

其中，λ_1 和 λ_2 为非负常数，分别度量养老金管理者和参保人对 $B(s)$ 和 $B^* e^{\beta s}$ 之间负向偏差的惩罚权重，以及终端时刻养老金不连续性风险的权重。λ_1 和 λ_2 的选择反映了每个养老金计划的利益相关者（例如，雇主，各类参保人，监管机构等）就退休收益的稳定性（权重为1），充足性（权重为 λ_1）和代际之间风险分担的公平性（权重为 λ_2）的态度。权重的具体组合是该计划总体设计的重要组成部分，并不在计划管理者改变的权力范围之内。

价值函数定义为

$$\varphi(t, x, l) := \min_{(\pi, f) \in \Pi} J(t, x, l), \quad t, x, l > 0 \qquad (3-12)$$

其中，Π 是所有可行策略 (π, f) 的集合。$J(t, x, l)$ 由方程 (3-11) 给出。

本节建立了目标养老金计划的连续时间随机最优控制问题。在下面的章节中，我们的目标是找到控制问题 (3-12) 的最优策略。

第二节 HJB 方程与最优策略

在本节中，通过 HJB 方程和变分法等求解随机控制优化问题 (3-12)，并得到最优控制策略 (π^*, f^*) 的显式解。

首先，建立问题 (3-12) 所满足的 HJB 方程。详细证明过程参见文献 Fleming 和 Soner (2006)。根据 Itô 公式，得到价值函数 $\varphi(t, x, l)$ 满足的 HJB 方程：

$$
\begin{aligned}
\min_{\pi, f} \{ & \varphi_t + [r_0 x + (\mu - r_0)\pi + C_1(t)e^{\alpha t} - fl \cdot I(t)] \varphi_x + \alpha l \varphi_l \\
& + \frac{1}{2}\pi^2 \sigma^2 \varphi_{xx} + \frac{1}{2}\eta^2 l^2 \varphi_{ll} + \rho \sigma \eta l \pi \varphi_{xl} + [(fl \cdot I(t) - B^* e^{\beta t})^2 \\
& - \lambda_1 (fl \cdot I(t) - B^* e^{\beta t})] e^{-r_0 t} \} = 0
\end{aligned}
\tag{3-13}
$$

其边值条件为

$$
\varphi(T, x, l) = \lambda_2 [x - x_0 e^{r_0 T}]^2 e^{-r_0 T}
\tag{3-14}
$$

其中，$\varphi_t, \varphi_x, \varphi_{xx}, \varphi_l, \varphi_{ll}$ 和 φ_{xl} 为 $\varphi(t, x, l)$ 的偏导数。

下面的定理陈述了最优控制问题 (3-12) 的最优资产配置和退休收益调整策略的结果。为了简单起见，令 $\delta = (\mu - r_0)/\sigma$，即风险资产的夏普比率。

定理 3.1 对于最优控制问题 (3-12)，最优资产配置和退休收益调整策略分别由下式给出

$$
\pi^*(t, x, l) = -\frac{\delta}{\sigma}\left[x + \frac{Q(t)}{2}\right]
\tag{3-15}
$$

$$
f^*(t, x, l) = \frac{1}{l \cdot I(t)}\left[B^* e^{\beta t} + \frac{\lambda_1}{2} + \lambda_2 P(t)\left(x + \frac{Q(t)}{2}\right)\right]
\tag{3-16}
$$

相应的最优价值函数为

$$
\varphi(t, x, l) = \lambda_2 e^{-r_0 t} P(t)[x^2 + x Q(t)] + K(t)
\tag{3-17}
$$

其中

$$K(t) = \lambda_2 \int_t^T e^{-r_0 t} \left\{ P(s) Q(s) \left[C_1(s) e^{\alpha s} - B^* e^{\beta s} - \frac{\lambda_1}{2} \right. \right.$$

$$\left. \left. - \frac{1}{4} (\delta^2 + \lambda_2 P(s)) Q(s) \right] - \frac{\lambda_1^2}{4} \right\} ds \qquad (3-18)$$

$P(t)$ 和 $Q(t)$ 依赖于 β，r_0 和 δ^2 的取值，表达式如下：

（1）若 $\beta = r_0 = \delta^2$，

$$P(t) = \frac{1}{\lambda_2(T-t) + 1} \qquad (3-19)$$

$$Q(t) = 2e^{r_0 t} \left[\int_t^T C_1(s) e^{(\alpha - r_0)s} ds - B^*(T-t) - x_0 \right] + \frac{\lambda_1}{r_0} (e^{-r_0(T-t)} - 1) \qquad (3-20)$$

（2）若 $\beta = r_0$，$r_0 \neq \delta^2$，

$$P(t) = \frac{r_0 - \delta^2}{\lambda_2 + (r_0 - \delta^2 - \lambda_2) e^{-(r_0 - \delta^2)(T-t)}} \qquad (3-21)$$

$$Q(t) = 2e^{r_0 t} \left[\int_t^T C_1(s) e^{(\alpha - r_0)s} ds - B^*(T-t) - x_0 \right] + \frac{\lambda_1}{r_0} (e^{-r_0(T-t)} - 1) \qquad (3-22)$$

（3）若 $\beta \neq r_0$，$r_0 = \delta^2$，

$$P(t) = \frac{1}{\lambda_2(T-t) + 1} \qquad (3-23)$$

$$Q(t) = 2e^{r_0 t} \left[\int_t^T C_1(s) e^{(\alpha - r_0)s} ds - \frac{B^*}{\beta - r_0} (e^{(\beta - r_0)T} - e^{(\beta - r_0)t}) - x_0 \right]$$

$$+ \frac{\lambda_1}{r_0} (e^{-r_0(T-t)} - 1) \qquad (3-24)$$

（4）若 $\beta \neq r_0 \neq \delta^2$，

$$P(t) = \frac{r_0 - \delta^2}{\lambda_2 + (r_0 - \delta^2 - \lambda_2) e^{-(r_0 - \delta^2)(T-t)}} \qquad (3-25)$$

$$Q(t) = 2e^{r_0 t} \left[\int_t^T C_1(s) e^{(\alpha - r_0)s} ds - \frac{B^*}{\beta - r_0} (e^{(\beta - r_0)T} - e^{(\beta - r_0)t}) - x_0 \right]$$

$$+ \frac{\lambda_1}{r_0} (e^{-r_0(T-t)} - 1) \qquad (3-26)$$

证明： 首先，很容易看出方程（3-13）关于 π 和 f 的最小化问题可以

转化为以下两个分别关于 π 和 f 的最小化问题,

$$\min_{\pi}\left\{\varphi_t + \left[r_0 x + (\mu - r_0)\pi + C_1(t)\mathrm{e}^{\alpha t}\right]\varphi_x + \alpha l\varphi_l\right.$$

$$\left. + \rho\sigma\eta l\pi\varphi_{xl} + \frac{1}{2}\pi^2\sigma^2\varphi_{xx}\right\} = 0 \qquad (3-27)$$

$$\min_{f}\left\{-fl \cdot I(t)\varphi_x + \frac{1}{2}\eta^2 l^2\varphi_{ll} + \left[(fl \cdot I(t) - B^*\mathrm{e}^{\beta t})^2\right.\right.$$

$$\left.\left. - \lambda_1(fl \cdot I(t) - B^*\mathrm{e}^{\beta t})\right]\mathrm{e}^{-r_0 t}\right\} = 0 \qquad (3-28)$$

由于式 (3-27) 和式 (3-28) 在最优的策略下取极值,因此将式 (3-27) 关于 π 求导,将式 (3-28) 关于 f 求导,并令导数等于 0,得到

$$\pi^*(t, x, l) = -\frac{\delta\varphi_x + \rho\eta l\varphi_{xl}}{\sigma\varphi_{xx}} \qquad (3-29)$$

$$f^*(t, x, l) = \frac{1}{l \cdot I(t)}\left[\frac{\varphi_x\mathrm{e}^{r_0 t} + \lambda_1}{2} + B^*\mathrm{e}^{\beta t}\right] \qquad (3-30)$$

显然,在策略 π 下取最小值的充分条件为

$$\varphi_{xx} > 0 \qquad (3-31)$$

在得到 φ 的表达式后,将证明此条件。

下面建立 $\varphi(t, x, l)$ 的表达式。根据边值条件 (3-14),猜测 $\varphi(t, x, l)$ 具有以下形式

$$\varphi(t, x, l) = \lambda_2\mathrm{e}^{-r_0 t}P(t)\left[x^2 + Q(t)x\right] + R(t)xl + U(t)l^2 + V(t)l + K(t) \qquad (3-32)$$

其中,$P(t)$,$Q(t)$,$R(t)$,$U(t)$,$V(t)$,$K(t)$ 是关于 t 的待定函数。边值条件 (3-14) 表明

$$P(T) = 1,\ Q(T) = -2x_0\mathrm{e}^{r_0 T},\ K(T) = x_0^2\mathrm{e}^{2r_0 T},\ R(T) = U(T) = V(T) = 0 \qquad (3-33)$$

由式 (3-32) 可得

$$\varphi_t = \lambda_2\mathrm{e}^{-r_0 t}\left\{-r_0 P(t)\left[x^2 + Q(t)x\right] + P(t)Q_t x + P_t\left[x^2 + Q(t)x\right]\right\}$$
$$+ R_t xl + U_t l^2 + V_t l + K_t$$

$$\varphi_x = \lambda_2\mathrm{e}^{-r_0 t}P(t)\left[2x + Q(t)\right] + R(t)l$$

$$\varphi_l = R(t)x + 2U(t)l + V(t)$$

$$\varphi_{xx} = 2\lambda_2\mathrm{e}^{-r_0 t}P(t),\ \varphi_{ll} = 2U(t),\ \varphi_{xl} = R(t) \qquad (3-34)$$

将式（3-34）代入式（3-29）和式（3-30），最优策略（控制变量）可以写成关于 $P(t)$，$Q(t)$ 和 $R(t)$ 的方程。

将式（3-34），式（3-29）和式（3-30）代入 HJB 方程（3-13），并按照 x^2，l^2，xl，x，l 和 1 分离变量，得到

$$\lambda_2 e^{-r_0 t} [P_t + (r_0 - \delta^2 - \lambda_2 P(t)) P(t)] x^2$$

$$+ \left[U_t + (2\alpha + \eta^2) U(t) - \left(P(t) + \frac{(\delta + \rho\eta)^2}{\lambda_2} \right) \frac{e^{r_0 t} [R(t)]^2}{4P(t)} \right] l^2$$

$$+ [R_t + (r_0 + \alpha - \delta^2 - \delta\rho\eta - \lambda_2 P(t)) R(t)] xl$$

$$+ \lambda_2 e^{-r_0 t} [P_t Q(t) + P(t) Q_t - ((\delta^2 + \lambda_2 P(t)) Q(t) - 2(C_1(t) e^{\alpha t} - B^* e^{\beta t}) + \lambda_1) P(t)] x$$

$$+ \left[V_t + \alpha V(t) + \left(C_1(t) e^{\alpha t} - B^* e^{\beta t} - \frac{\lambda_1}{2} - \frac{1}{2} (\delta^2 + \delta\rho\eta + \lambda_2 P(t)) Q(t) \right) R(t) \right] l$$

$$+ K_t + \lambda_2 e^{-r_0 t} P(t) Q(t) \left[C_1(t) e^{\alpha t} - B^* e^{\beta t} - \frac{\lambda_1}{2} - \frac{1}{4} (\delta^2 + \lambda_2 P(t)) Q(t) \right] - \frac{\lambda_1^2 e^{-r_0 t}}{4} = 0$$

令 x^2，l^2，xl，x，l 和 1 前面的系数为 0，则有以下微分方程，

$$P_t + (r_0 - \delta^2 - \lambda_2 P(t)) P(t) = 0 \tag{3-35}$$

$$U_t + (2\alpha + \eta^2) U(t) - \left(P(t) + \frac{(\delta + \rho\eta)^2}{\lambda_2} \right) \frac{e^{r_0 t} [R(t)]^2}{4P(t)} = 0 \tag{3-36}$$

$$R_t + (r_0 - \delta^2 + \alpha - \delta\rho\eta - \lambda_2 P(t)) R(t) = 0 \tag{3-37}$$

$$Q_t + \left[\frac{P_t}{P(t)} - \delta^2 - \lambda_2 P(t) \right] Q(t) + 2(C_1(t) e^{\alpha t} - B^* e^{\beta t}) - \lambda_1 = 0 \tag{3-38}$$

$$V_t + \alpha V(t) + \left(C_1(t) e^{\alpha t} - B^* e^{\beta t} - \frac{\lambda_1}{2} - \frac{1}{2} (\delta^2 + \delta\rho\eta + \lambda_2 P(t)) Q(t) \right) R(t) = 0 \tag{3-39}$$

$$K_t + \lambda_2 e^{-r_0 t} P(t) Q(t) \left[C_1(t) e^{\alpha t} - B^* e^{\beta t} - \frac{\lambda_1}{2} - \frac{1}{4} (\delta^2 + \lambda_2 P(t)) Q(t) \right] - \frac{\lambda_1^2 e^{-r_0 t}}{4} = 0 \tag{3-40}$$

且满足边界条件（3-33）。

首先，由 $R(T) = 0$，求解方程（3-37）得 $R(t) = 0$，$0 < t \leq T$。然后，求解方程（3-36）和方程（3-39）得 $U(t) = V(t) = 0$，$0 < t \leq T$。求解方程（3-35）得

$$P(t) = \begin{cases} \dfrac{1}{\lambda_2(T-t)+1}, & r_0 = \delta^2 \\[3mm] \dfrac{r_0 - \delta^2}{\lambda_2 + (r_0 - \delta^2 - \lambda_2)e^{-(r_0-\delta^2)(T-t)}}, & r_0 \neq \delta^2 \end{cases} \tag{3-41}$$

将式（3-35）代入方程（3-38），可以得到 $Q(t)$ 满足

$$Q_t - r_0 Q(t) + 2(C_1(t)e^{\alpha t} - B^* e^{\beta t}) - \lambda_1 = 0$$

求解得

$$Q(t) = \begin{cases} 2e^{r_0 t}\left[\displaystyle\int_t^T C_1(s)e^{(\alpha-r_0)s}\mathrm{d}s - B^*(T-t) - x_0\right] + \dfrac{\lambda_1}{r_0}(e^{-r_0(T-t)} - 1), & \beta = r_0 \\[4mm] 2e^{r_0 t}\left[\displaystyle\int_t^T C_1(s)e^{(\alpha-r_0)s}\mathrm{d}s - \dfrac{B^*}{\beta-r_0}(e^{(\beta-r_0)T} - e^{(\beta-r_0)t}) - x_0\right] + \dfrac{\lambda_1}{r_0}(e^{-r_0(T-t)} - 1), & \beta \neq r_0 \end{cases}$$

$$\tag{3-42}$$

$P(t)$ 和 $Q(t)$ 的表达式依赖于参数的取值，通过分类得式（3-19）至式（3-26）。最后，求解方程（3-40）可得 $K(t)$ 的表达式。

现在可以证明限制条件（3-31），即

$$\varphi_{xx} = 2\lambda_2 e^{-r_0 t} P(t) > 0$$

其中，经计算得出，$\lambda_2 > 0$。显然当 $r_0 = \delta^2$ 时，$P(t) > 0$。当 $r_0 \neq \delta^2$ 时，分别考虑 $r_0 < \delta^2$ 或 $r_0 > \delta^2$ 的情况，易证得 $P(t) > 0$。

注 3.1 值得注意的是，由式（3-15）给出的最优资产配置策略 $\pi^*(t, x, l)$ 与代际之间风险分担的权重参数 λ_2 无关。这一问题将在第四节中进一步探讨。

注 3.2 由式（3-15）给出的最优资产配置策略 $\pi^*(t, x, l)$ 与 t 时刻的工资水平 l 无关。也可以从式（3-16）给出的最优收益调整策略 $f^*(t, x, l)$ 看出，在 t 时刻退休参保人的最优收益给付额（调整后），用 $B^*(t)$ 表示，有如下形式。

$$B^*(t) = I(t)f^*(t, x, l) \cdot l = \frac{\lambda_1}{2} + \frac{\lambda_2}{2}(2x + Q(t))P(t) + B^* e^{\beta t}$$

$$\tag{3-43}$$

也独立于 t 时刻的工资水平 l。此外，式（3-17）给出的 t 时刻的价值函数也与 l 无关。这表明最优收益调整因子 $f^*(t, x, l)$ 有效对冲了工资的波动。因此，工资模型（3-5）对 $\pi^*(t, x, l)$、$B^*(t)$ 和价值函数没有影响。该工资模型对 $f^*(t, x, l)$ 的影响将在第三节中具体分析；数值分析（当 $\eta = 0$）表明当 η 较小时，影响可以忽略不计。

考虑一种特殊情况，当工资的随机过程（3-4）中 $\eta = 0$，即当工资以增长率 α 指数增长而没有随机波动时，t 时刻的退休当期工资可以写为

$$L(t) = l_0 e^{\alpha t}, \ t \geqslant 0 \tag{3-44}$$

其中，l_0 是 $t = 0$ 时的初始工资。养老金的财富过程（3-10）退化为

$$\begin{cases} dX(t) = [r_0 X(t) + (\mu - r_0)\pi(t) + e^{\alpha t}(C_1(t) - f(t)l_0 \cdot I(t))] dt + \pi(t)\sigma dW(t) \\ X(0) = x_0 \end{cases}$$

在下面的推论中，给出了相应的最优投资策略和退休收益调整策略。

推论 3.1　对于最优控制问题（3-12），当 t 时刻的工资过程满足式（3-44），最优投资策略和退休收益的调整策略分别为

$$\pi^*(t, \ x) = -\frac{\delta}{\sigma}\left[x + \frac{Q(t)}{2}\right]$$

$$f^*(t, \ x) = \frac{1}{l_0 \cdot I(t)}\left[\frac{\lambda_1}{2} + \frac{\lambda_2}{2}(2x + Q(t))P(t) + B^* e^{\beta t}\right]$$

且相应的价值函数为

$$\varphi(t, \ x) = \lambda_2 e^{-r_0 t} P(t)[x^2 + xQ(t)] + K(t)$$

其中，$P(t)$，$Q(t)$ 和 $K(t)$ 由定理 3.1 给出。

第三节　数值分析

在前面的小节中，已经得到了最优投资策略和退休收益调整策略的显式表达式，以及目标收益型养老金模型的价值函数的解析形式。在本节中，对本章给出的最优策略进行分析，利用蒙特卡洛法进行模拟，并研究了最优策略关于某些参数值变化的敏感性。

一、参数假设

在本节中，假设死亡力服从 Makeham's 定律，即年龄为 x 的个体的死亡力 $\mu(x)$ 定义为

$$\mu(x) = A + Bc^x$$

因此生存函数为

$$\begin{aligned} s(x) &= e^{-\int_0^{x-a} \mu(a+s)\mathrm{d}s} \\ &= e^{-A(x-a) - \frac{B}{\ln c}(c^x - c^a)}, \ a \leqslant x \leqslant \omega \end{aligned} \tag{3-45}$$

生存函数满足 $s(a)=1$。当 $x>\omega$ 时，令 $s(x)=0$。在数值分析中，参数值的假设参考了 Dickson 等（2013），令 $A=0.00022$，$B=2.7\times10^{-6}$，$c=1.124$。

此外，还做了如下参数假设。

- 本章考虑的时间范围为 20 年，即 $T=20$。
- 假设参保人加入养老金计划的初始年龄为 30 岁，退休年龄为 65 岁，即 $a=30$，$r=65$。
- 生命表的最大年龄为 100 岁，即在式（3-45）中 $\omega=100$。
- 单位时间内加入养老金计划的人数为 10，即 $n(t)=10$，$t\geq0$。这意味着在任意给定的时间点，在职参保人数量为 $\mathscr{A}(t)\approx345$，退休参保人数量为 $\mathscr{R}(t)\approx214$。
- 初始工资 $L(0)$ 设为 1。
- 0 时刻总退休收益的目标为 $B^*=100$，该目标以 $\beta=0.02$ 的年增长率增长。
- 养老金收益按照每年 $\zeta=0.02$ 的生活成本增长率变化。
- 无风险利率为 $r_0=0.01$，风险资产的期望收益率和波动率分别为 $\mu=0.05$，$\sigma=0.15$（夏普比率约为 0.27）。
- 当期工资的瞬时增长率和波动率分别为 $\alpha=0.03$，$\eta=0.01$；累积收益因子 $I=188.8688$。
- $W(t)$ 和 $\overline{W}(t)$ 的相关系数 $\rho=0.1$。
- 退休收益的下跌风险的惩罚权重 λ_1 设为 15，而对于终端时刻不连续风险的权重 λ_2 设为 0.2。
- 初始财富 $X(0)=4000$，每一位在职参保人初始时刻的缴费率 $c_0=0.1$，即为工资的 10%。

为了简单起见，在本节中用 $\pi^*(t)$ 和 $f^*(t)$ 代替 $\pi^*(t,x,l)$ 和 $f^*(t,x,l)$。

下面对蒙特卡洛法的具体方案做简要介绍。首先将时间间隔 $[t,T]$ 划分为 1000 个子区间。对于每个子区间，在区间右端点按照相关系数 ρ 生成一对满足正态过程的随机数，根据方程（3-1）和方程（3-2）分别生成无风险资产和风险资产的价格，并根据式（3-10）计算本期的账户积累额。然后，由式（3-4）确定当期的工资水平。以此为基础计算由式（3-15）和式（3-16）确定的最优策略 π^* 和 f^*，作为下一期的最优资产配置和退休收益调整因子。以此迭代生成并计算 $[t,T]$ 内各个时点的最优策略 π^* 和 f^*。将上述过程重复 1000 次，可以得到每个子区间上 π^* 和 f^* 的经验分布。通过改变某些参数的值（如 B^*，μ，σ，α，r_0，λ_1 和 λ_2）分析参数变化对最优策略的影响。

二、收益目标对最优策略的影响

在本小节中，保持其他参数不变的情况下，研究了目标收益水平 B^*（$=90$，100，110）对最优策略的影响。参数取值见参数假设。

图 3-1 中包含了 $\pi^*(t)/X^*(t)$ 和 $f^*(t)$ 的三组模拟结果，分别对应于 $B^*=90$，100，110。在每个子图中，通过蒙特卡洛模拟得出经验分布的第 5，25，50，75 和 95 分位数。

从图 3-1 中左列子图（a），（c）和（e）可以看出，最优投资比例 $\pi^*(t)/X^*(t)$ 的第 5，25 和 50 分位数随着时间的推移而递减，从高于 0.5 的投资比例降低到终端时刻的 0 左右。第 75 分位数在第一年呈现上升的趋势，而后随着时间的推移而下降。然而最优投资比例的第 95 分位数呈现完全不同的趋势。第 95 分位数曲线在早期显著增加，而后随时间推移总体波动下降。这表明，在极端情况下，即养老金计划在早期经历非常不利的投资回报时，养老金管理者必须采取激进的投资策略，将大部分养老金投资于高风险资产（甚至可能出现卖空）。一旦养老金从最初的亏损中恢复过来，投资策略随之发生变化，随着终端时间的临近，养老金逐渐转投到无风险资产上。

图 3-1 中右列子图（b），（d）和（f）显示，对于每一个 B^*（$=90$，100，110），除了第 5 分位数曲线，$f^*(t)$ 的分位数的分布小幅上升或下降，随时间推移呈现出稳定趋势。在第 5 分位数（左极值）的情况下，最优收益调整水平首先显著下降，而后趋于稳定水平。值得注意的是，当 $B^*=110$ 时，$f^*(t)$ 的中位数保持在 0.45 左右，而当 $B^*=100$ 或 $B^*=120$ 时，相应的中位数值小于或大于 0.45，这与养老金的管理经验一致。

从图 3-1 中还可以观察到，随着目标收益水平 B^* 的增加，投资于风险资产的基金比例增加。当 $B^*=90$ 时，最初的投资比率约为 0.51。当 $B^*=100$ 和 $B^*=110$ 时，初始投资比例约为 0.61 和 0.71。这与金融市场模式是一致的，即更高的回报伴随着更大的风险。因此，当初始财富和保费费率不变时，投资策略必须更加激进，以实现更高的预定目标 B^*。

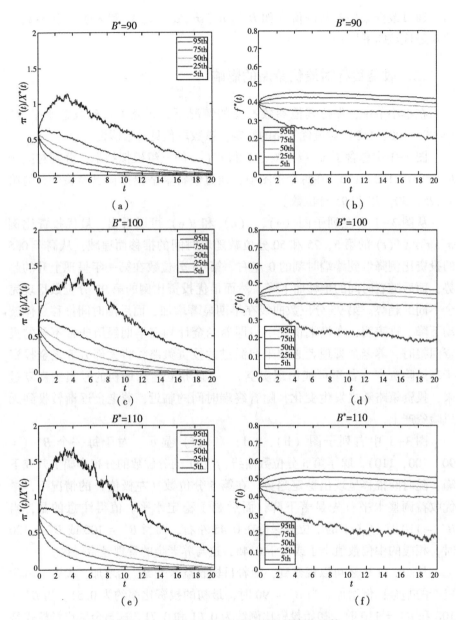

图 3-1 $\pi^*(t)/X^*(t)$ 和 $f^*(t)$ 的变化趋势

图 3-2 分别展示了 $\pi^*(t)/X^*(t)$，$f^*(t)$ 和 $B^*(t)$ 在不同收益目标 B^*（=90，100，110）下的三条样本路径。$B^*(t)$ 由方程（3-43）计算得出。从图 3-2 中可以看出，尽管有一些波动，最优投资比例 $\pi^*(t)/X^*(t)$ 呈现下降趋势，而总退休收益 $B^*(t)$ 呈现上升趋势。退休收益调整因子 $f^*(t)$ 的

路径关于时间 t 相对稳定，这意味着对于所研究的目标收益型养老金模型，最优策略能够保证收益的稳定性。将不同收益目标水平 B^* 下的总体养老金给付金额与预先设定的目标 $B^* e^{\beta t}$ 进行比较，可以从图 3-2 的子图（c），（f）和（i）看出，尽管在 0 时刻总体养老金给付额低于目标水平 B^*，但是随着时间的推移，在所有展示的样本路径中，它们逐渐接近目标水平并保持在预定目标的周围。

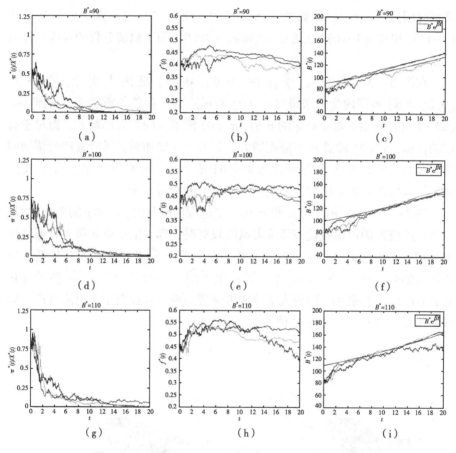

图 3-2 $\pi^*(t)/X^*(t)$，$f^*(t)$ 和 $B^*(t)$ 的样本路径

从经济学角度来看，在早期比较激进的投资策略下，养老金快速地增长；随着养老金总额接近于安全水平，即可以在剩余时间期限内维持目标收益，同时使剩余基金达到终端时刻的目标水平，该养老金计划可以逐步缩减在风险资产上的投资。而在风险资产上的投资比例动态下降的过程中，养老金在目标收益附近或在目标之上产生越来越多的稳定收益。可以

得出这样的结论：通过 $\pi^*(t)$ 和 $f^*(t)$ 对投资策略和养老金收益水平进行动态和最优的调整，养老金计划能有效地实现计划管理者的目标。

三、资本市场回报率的影响

本节研究了资产模型（3-2）中参数 μ 和 σ 的变化对最优策略 $\pi^*(t)$ 和 $f^*(t)$ 的影响。为了给出参数对最优控制策略影响的敏感性分析，给出了在确定时间点（$t=0$）的数值结果，$\pi^*(0)$ 和 $f^*(0)$ 的计算结果是基于式（3-15）和式（3-16）以及 $l_0=1$ 和 $x_0=4000$。用于数值分析的参数见参数假设。

在图 3-3（a）中，令 μ 在 $[0.02, 0.08]$ 范围内变化，令 σ 在 $[0.2, 0.8]$ 范围内变化来研究 $\pi^*(0)$ 对风险资产参数的敏感性。从图 3-3（a）中可以看出，对于确定的 σ 值，$\pi^*(0)$ 随着 μ 的增大而增大，而对于确定的 μ 值，$\pi^*(0)$ 随着 σ 下降而增大。因为当 μ 增加时，风险资产的预期回报会变高，从而养老金管理者将更多的资金投入风险资产中，当 σ 较高时，风险资产的风险增加，因此风险资产上的投资减少。

图 3-3（b）展示了当 μ 和 σ 在一定范围内变化时，$f^*(0)$ 的变化曲线。如果风险资产的预期收益较低或者风险较高时，即 μ 很小或 σ 很大，那么计划管理者必须在支付养老金收益方面更加保守，所以初始时收益较低。还要注意的是，在图 3-3（b）中，当 μ 很大而 σ 很小的情况下，σ 值的变化对 $f^*(0)$ 的影响很小，因为大部分或者全部的资金都投资于无风险资产。同样，当 σ 很大时，改变 μ 的值不会过分影响 $f^*(0)$ 的值。

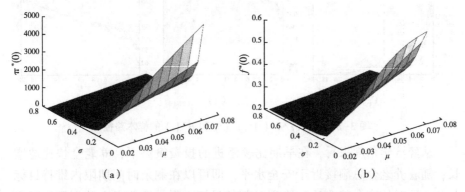

（a）   （b）

图 3-3　参数 μ 和 σ 对 $\pi^*(0)$ 和 $f^*(0)$ 的影响

四、工资和目标收益增长率的影响

本小节分析了 $\pi^*(t)$ 和 $f^*(t)$ 在 $t=0$ 时关于目标收益增长率 β 和工资增长率 α 的变化情况。假设 β 和 α 的值在 $[0.02, 0.05]$ 范围内变化。

图 3-4（a）展示了最优投资额 $\pi^*(0)$ 关于参数 β 和 α 的变化。对于任何固定的 α 值，目标收益的增长率越高，投资于风险资产的资金额越大。从图 3-4（a）也可以看出，对于任何固定的 β，最优策略 $\pi^*(0)$ 是 α 的减函数。直观地说，α 越高，养老金缴费率越高，养老金流入越多。回顾第一节，在其他条件相同的情况下，较高的工资增长率 α 对应于 t 时刻较低的总给付额。如果工资替代率 $f(0)$ 保持不变，较低的养老金给付率意味着更多的资金保留在养老金账户中。这两个因素（较高的现金流入和较低的现金流出）相结合，使得计划管理者通过减少在风险资产上的投资来降低风险，并仍然有信心达到该计划的目标。

图 3-4（b）显示当 α 增大时，$f^*(0)$ 的值增大。如上所述，有两个方面的解释：首先，较高的工资增长率意味着较高的缴费率。其次，在其他条件相同的情况下，较高的工资增长率会降低开始时的养老金给付率。为了抵消这种影响，计划管理者可以增加初始工资替代率 $f^*(0)$ 而不需要任何额外的资产。相比之下，当 β 值增大时，$f^*(0)$ 的值会减小。这是因为为了达到迅速增长的养老金目标，必须限制支出以使得更多的初始资金能够用于投资。

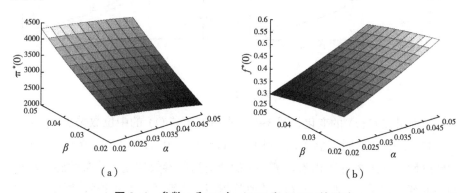

（a） （b）

图 3-4 参数 α 和 β 对 $\pi^*(0)$ 和 $f^*(0)$ 的影响

五、参数 λ_1 和 λ_2 对最优策略的影响

本节将研究 λ_1 和 λ_2 对最优策略的影响。λ_1 是实际收益相对于目标的负

偏差的惩罚权重。如果 $\lambda_1 = 0$，目标函数退化为最小化实际收益与目标之间的二次偏差。λ_2 是赋予终端时刻不连续性风险的权重。除了 λ_1 和 λ_2，参数取值见参数假设。

根据式（3-11）中定义的目标函数，权重 λ_1 可以解释为养老金计划成员的风险厌恶水平。λ_1 越大，意味着计划成员的风险规避程度越高，并且倾向于获得高于目标的收益。同样，λ_2 可以解释为计划成员对于代际之间风险转移的厌恶程度。当 λ_2 较低时，成员愿意接受更大的代际之间的"补贴"或"借贷"。

如第二节所述，由方程（3-15）确定的 $\pi^*(t)$ 与 λ_2 无关，这意味着投资于风险资产的最优策略不受代际风险分担权重的影响。接下来研究投资比例 $\pi^*(t)/X^*(t)$。由于最优财富值 $X^*(t)$ 取决于 $f^*(t)$，而 $f^*(t)$ 又取决于 λ_1 和 λ_2 的值，因此投资比例受到这些权重因素的影响。图 3-5 绘制了 $\pi^*(t)/X^*(t)$ 的第 50 分位数（中位数），可以看出 $\pi^*(t)/X^*(t)$ 对 λ_1 和 λ_2 值的变化并不敏感。

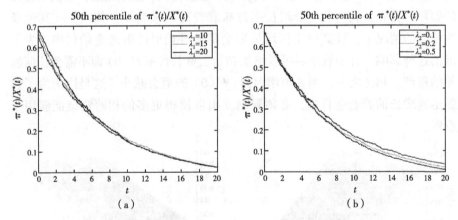

图 3-5　参数 λ_1 和 λ_2 对 $\pi^*(t)/X^*(t)$ 的影响

下面研究 $f^*(t)$ 的变化。图 3-6 分别研究了 $f^*(t)$ 的中位数关于 λ_1（$\lambda_1 = 10，15，20，\lambda_2$ 取固定值 0.2）和 λ_2（$\lambda_2 = 0.1，0.2，0.5，\lambda_1$ 取固定值 15）的敏感性。从图 3-6 可以看出 $f^*(t)$ 的值对这些参数的变化非常敏感。对负偏差的惩罚权重 λ_1 越大，$f^*(t)$ 的值就越高，而赋予终端不连续性风险的权重 λ_2 越大（意味着对代际风险分担的偏好程度越低），$f^*(t)$ 的值就越小。

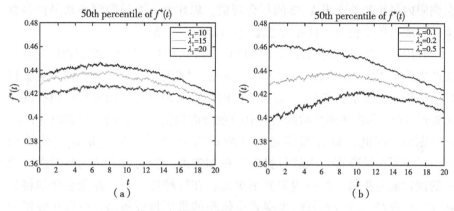

图 3-6　参数 λ_1 和 λ_2 对 $f^*(t)$ 的影响

第四节　进一步讨论

在第二节中，根据养老金的充足性、退休收益的稳定性和代际之间风险分担的公平性三个目标，解得最优退休收益调整策略和投资策略的显式表达式。第四节的数值分析表明，对于合理的初始资产价值和缴费率，最优策略能有效地实现这些目标，且关于大多数参数的敏感性与经济规律相一致。在本节中解释了式（3-15）和式（3-16）中给出的最优控制，为它们的一些反常的变化提供了经济解释，并将本章的结果与现有的文献联系起来。

首先用精算符号将关键的函数表达式写出来。很容易证明

$$\frac{1}{P(t)} = \lambda_2 \bar{a}_{\overline{T-t}|\gamma} + \mathrm{e}^{-(T-t)\gamma}$$

其中，$\gamma = r_0 - \delta^2$，$\bar{a}_{\overline{T-t}|\gamma}$ 表示在剩余期限内连续支付的年金的现值，以贴现率 γ 计算。因此，通过在 t 时刻的单位金额的投资，可以提供 $T-t$ 年内按照 $\lambda_2 P(t)$ 水平连续支付的年金，并在 $T-t$ 年末留下价值 $P(t)$ 的剩余财富，其中贴现率为 γ。由于 $\gamma < r_0$，所以比按照无风险利率 r_0 贴现更保守。

此外还有

$$\frac{Q(t)}{2} = \int_t^T C(s)\,\mathrm{e}^{-r_0(s-t)}\,\mathrm{d}s - B^* \mathrm{e}^{\beta t}\bar{a}_{\overline{T-t}|r_0-\beta} - x_0 \mathrm{e}^{r_0 t} - \frac{\lambda_1}{2}\bar{a}_{\overline{T-t}|r_0}$$

其中，第一项是剩余缴费在 t 时刻的现值，第二项是在剩余期限内应付目标养老金的现值，第三项是到期时遗留基金在时间 t 的目标金额，第四项是剩

余期限内每年额外支出 $\lambda_1/2$ 的年金现值，以作为一个风险缓冲来保护养老金计划成员免受相对于目标收益短缺的风险。

利用这些信息，可以将式（3-15）中的 π^* 写成该计划期望现值与其总资产之差的固定比例 $(\mu - r_0)/\sigma^2$。在这里，"期望"反映了剩余的养老金目标给付额、遗留基金和与 λ_1 有关的风险缓冲。而该计划的总资产包括其基金资产 $X(t)$ 和将在剩余期限内收取的缴费的现值，所有的项目都以无风险利率贴现。因此，只有当养老金计划的总资产不足以满足计划的期望时，才需要在风险资产上进行投资。在加拿大，养老金未达到基于无风险率的偿付能力阈值，这一现象并不少见：在这种情况下，养老金计划将最初在风险资产上进行投资，根据式中体现的最优投资策略，投资在股票上的资金将持续下降，直到养老金全部投资在无风险资产上。

在本章模型下，在风险资产上的最优投资策略的表达式与 CRRA 效用下的经典投资消费问题有所不同。CRRA 效用下的投资组合问题最初由 Merton（1969）提出，并由 Teulings 和 DeVries（2006）在考虑代际之间风险分担的背景下重新研究。在 CRRA 效用下，最优投资金额是总资产的固定比例 $(\mu - r_0)/\theta\sigma^2$，其中 θ 是风险厌恶系数。如果把总资产看作是未来的消费潜力，可以认为，在这些模型下，使消费效用最大化的最优投资策略是未来消费潜力的恒定比例。相比之下，本章的模型旨在使相对于预定目标的偏差最小化。因此，对风险资产的最优投资是按照无风险利率估计的未来潜在缺口的一定比例。

下面观察最优退休收益调整策略（3-16），并将等式两边同时乘以 $l \cdot I(t)$，可以发现，与 He 和 Liang（2015）类似，t 时刻的最优收益给付包括以下几项：（1）养老金计划预定的收益目标，（2）根据成员的风险厌恶水平而进行的静态调整，（3）当前总资产相对于期望资产的超额（短缺）部分分摊到剩余期限内，并在期限结束时留下了一定比例的剩余基金的动态调整。请注意，λ_2 控制超出部分（短缺部分）的资金在剩余期限内分摊到退休收益中的金额。当 λ_2 较大时（也就是说，对代际之间风险分担更厌恶），较大比例的超额（短缺）资产被分摊到当前退休参保人的给付额中，而较少的部分留给后代。可以观察到，当养老金计划拥有超额资产而不是资产短缺时，图3-6中观察到的 f^* 和 λ_2 之间的正相关关系被逆转：当计划有"盈余"时，与其他代际分享盈余将会减少当前退休参保人的财富。

现在重新考虑最优投资策略与权重 λ_1 和 λ_2 之间的关系。首先，注意到 π^* 是 λ_1 的一个增函数，这与传统凸效用优化问题的结果相反，较高的风险厌恶对应于较少的个人风险承担。然而，考虑到与模型中的参数 λ_1 相关联的线性惩罚项，该计划可以通过减少相对于目标收益给付额的预期缺口来中和较高的 λ_1 值，这可以通过投资更多资金在风险资产上以获取风险溢价来实现。

其次，重新回到 π^* 与 λ_2 无关这一问题。与 Gollier（2008）的结果相反，代际之间风险分担的偏好程度不会导致更多的风险承担。这是由到期时剩余基金与目标之间差异的二次惩罚导致的，并与使用类似惩罚函数的 He 和 Liang（2015）中的结果一致。在 Gollier（2008）的模型中，代际之间的风险分担被用来缓解风险暴露对个人的影响，使他们能够接受更高的风险暴露，获取更高的风险溢价，从而增加消费。在本章的模型中，养老金计划对高于和低于目标资金额的偏差进行同样的惩罚，因为相对于目标资金来说，过多和过少的基金量同样糟糕。我们的目标不是最大化消费，而是尽可能接近目标。

考虑一个问题，根据 Gollier（2008），当计划成员不反对代际之间的风险转移时，增加对风险资产的投资。增加风险资产的持有量将会造成退休收益更大的不确定性；然而，可以根据需要将资金转移到剩余基金或从遗留基金转移出资金来缓解。由于退休收益支出和剩余资金之间的转换因子是与时间相关的，而 λ_2 不是，因此可能难以找到精确的折中方案。与此同时，投资组合的预期回报将增加，使得退休收益和剩余基金增加。虽然这种增加在效用最大化目标下是有意义的，但它将使收益和剩余基金进一步偏离其目标，并导致更大的惩罚。

可以得出如下结论：当从传统效用最大化理论的角度考虑问题时，对偏离预定目标的偏差采用线性和二次惩罚确实产生了一些有悖直觉的结果；尽管如此，从养老金计划整体目标的角度来看，这些结果是一致的并且是合理的。

本章小结

本章研究了连续时间下目标效益型养老金计划的最优投资和退休收益调整策略。该养老金计划是一种集体养老金安排，其中参保人预期获得的退休收益是预先确定的，但不能得到保证，而实际退休收益取决于账户的投资情况。通过代际之间的风险分担可以消除退休收益随时间的剧烈波动。为了实现退休收益给付的充足性、稳定性和代际公平，将这些目标转化为包含线性和二次项的目标函数。其中账户的不连续性风险，用终端时刻账户资金规模来度量。

通过变量分离的方法，可以得到最优退休收益调整和投资策略的显式表达式和相应的值函数。研究发现，在合理的初始资产价值和缴费水平下，最优策略能够有效地实现上述目标，并以预期的趋势随时间变化。当设定的目标越高，投资于风险资产的资金比例越大，退休收益也就越高。而随着参保人对下行收益风险的厌恶程度增加，该养老金计划通过代际之间的风险分担，可以给退休参保人持续地提供接近目标的收益。

第四章　基于损失厌恶的目标
收益型养老金模型

传统金融理论认为人们的决策是建立在理性预期、风险规避、效用最大化的假设基础之上的，因此传统的投资组合选择模型是基于投资者满足期望效用理论（Expected Utility Theory，EUT）下的风险厌恶假设。事实上，根据行为经济学的实验，人们的实际投资决策并非如此，个人的偏好并不总能用传统的金融理论框架来解释，因此，Kahneman 和 Tversky（1979）提出了前景理论（Prospect Theory，PT），而后将其进一步发展为累积前景理论（Cumulative Prospect Theory，CPT）（Tversky 和 Kahneman，1992）。而在前景理论中起着核心作用的损失厌恶理论，即决策者对损失比对收益更敏感的现象，得到大量实验证据的支持（Tversky 和 Kahneman，1991）。近年来，越来越多的学者将 CPT 引入最优投资组合选择模型中。Jin 和 Zhou（2008）以及 He 和 Zhou（2011）在累积前景理论框架下研究了期望效用最大化投资者在连续时间下的投资组合问题。Berkelaar 等（2004）在连续时间下考虑完全市场中的损失厌恶型投资者的最优动态投资策略。还有许多其他文献研究了损失厌恶在保险和精算领域的应用。Blake 等（2013）研究了针对损失厌恶型 DC 型养老金计划成员的最优投资策略，并通过基于动态规划的数值方法推导出目标驱动策略。Guan 和 Liang（2016）推导出了损失厌恶假设下，DC 型养老金计划的最优资产配置和风险约束值。Chen 等（2017）将 Berkelaar 等（2004）的工作拓展到 DC 型养老金领域，考虑了含有通胀风险且参保人是损失厌恶情况下的最优投资问题。Song 等（2016）和 Song 等（2017）考虑了无限时间范围下，当损失厌恶型投资者受到消费约束时的最优消费和投资组合选择问题。有关 CPT 下最优投资组合模型的研究还可参见 Grüne 和 Semmler（2008），Gomes（2005）以及 Bernard 和 Ghossoub（2010）等。

有鉴于此，受到 Song 等（2017）研究方法的启发，本章考虑了连续时间下基于风险偏好的目标收益型养老金的资产管理问题。由于目标收益型计划中的不连续性风险包括代际之间风险转移过多或过少，从而危及养老金计划的运行，所以本章在无限时间下选择最优收益给付策略和最优投资策略，以此确保目标收益型养老金的可持续性和资金的充足性。在目标驱动的目标收益型养老金框架下，研究了考虑退休收益下行约束的最优投资组合和收益给付问题。由于损失厌恶是相对于预定参考点的损益来定义的，所以目标驱动模型与 CPT 中的损失厌恶是一致的。本章采用 S 形效用函数来描述参保人的损失厌恶，养老金账户可以投资于一种无风险资产和多种风险资产。在以往的文献中，通常认为损益的参考水平是恒定值。然而，在本章的模型中，将目标（参考点）视为与时间有关的函数。因此，考虑通货膨胀、利率变化和其他经济因素，这一模型更符合实际市场。计划管理者的目标是在整个分配期间，最大限度地减少退休收益和目标之间的累积偏差。在损失规避下的控制和优化问题不再是标准的优化控制问题，本章采用鞅方法求解得到最优投资策略和最优收益给付策略的解析解。此外，在数值分析部分，将损失厌恶参保人的最优投资策略和收益给付策略与 CRRA 效用下参保人的最优策略进行了比较。

第一节　模型描述

本节分别介绍了金融市场和养老金模型的结构特点，定义了金融资产的价格过程，并结合本章所假定的养老金结构，给出了养老金的缴费过程和人口变化模型。

一、模型的基本假设

本章考虑了非平稳年龄结构的人口在一段时间内的演变。假设养老金计划成员在年龄 a 进入劳动力市场，并工作直到退休年龄 r。由于缴费过程和养老金分配都取决于人口变化，在研究目标收益型养老金模型时考虑了人口的死亡力。假设年龄为 x 的个体的死亡力为 $\bar{\mu}(x)$，那么生存概率可以表示为

$$\bar{s}(x) = e^{-\int_0^{x-a} \bar{\mu}(a+s)\,ds}, \quad a \leqslant x \leqslant \omega$$

设 $n(t)$ 为人口流入密度，该过程描述了在 t 时刻加入养老金计划（年龄为 a）的群体人数。由此可得在 t 时刻年满 x 岁的剩余人数是 $n(t-(x-a))\bar{s}(x)$。

退休前，在职参保人在每一个时期都获得工资收入。本章用 $w(x, t)$，$a \leqslant x \leqslant r$ 表示 t 时刻年龄为 x 的参保人的平均年薪。工资收入每年增长，以此反映对参保人的工作奖励、通货膨胀调整和生产力的变化。假设一名达到退休年龄 r 的参保人在初始年度的退休金是退休当期工资的一部分，比例为 f。那么在时间 t 退休成员的年收益为 $fw(r, t)$。对于 t 时刻年龄是 x 的退休参保人，假设其退休收益率为 $fw(r, t - x + r)h(x)$，其中 $h(x)$ 表示年龄为 x 的参保人（$x - r$ 年前退休）的生活水平调整因子。

与 Bowers 等（1997）中使用的符号类似，引入符号 $\overline{a}_x^h$ 来描述向年龄为 x 的参保人按照调整率 $h(y)$ 连续支付 \$1 的生命周期年金的精算现值，即

$$\overline{a}_x^h = \int_x^\omega e^{-\delta(y-x)} h(y) \frac{\overline{s}(y)}{\overline{s}(x)} dy, \ r \leqslant x \leqslant \omega \tag{4-1}$$

其中，δ 是年金的固定年利率。

因此，根据式（4-1），对于 t 时刻达到退休年龄 r 的参保人，未来退休金总额的精算现值记为 $^T P_t$，可以表示为

$$^T P_t = fw(r, t) n(t - r + a) \overline{s}(r) \overline{a}_r^h$$

根据 Bowers 等（1997）提出的精算成本法，对于在 t 时刻达到退休年龄 r 的参保人，未来退休金收入的精算现值等于其工作期间应计缴费的现值。参保人必须在工作期间向养老金账户缴纳其工资收入的一部分，累积的资产将用于在退休时购买年金。因此，在工作期间，退休后的收益已经根据所缴纳的费用得到确认。在这种方法下，每个成员的缴费率是按照一个既定的规则来计算的。为了描述个人养老金的应计精算负债，定义累积函数 $M(x)$。它表示根据精算成本法，对于 \$1 的未来退休收益，到年龄 x 时参保人应该累积的精算负债为 $M(x)$。函数 $M(x)$ 是年龄变量的非减右连续函数，且对于 $a \leqslant x \leqslant r$，$0 \leqslant M(x) \leqslant 1$。还可以用应计养老金密度函数 $m(x)$ 来定义函数 $M(x)$，即

$$M(x) = \int_a^x m(y) dy, \ a \leqslant x \leqslant r$$

在本章的模型中，假设 $m(x)$ 在 $a < x < r$ 上是连续的，在 $x = a$ 点是右连续的，在 $x = r$ 点是左连续的，并且当 $x > r$，$m(x) = 0$。那么，以这种概率密度 $m(x)$ 累积的缴费，可以完全支付以下成员的退休收益：在年龄 a 进入养老金计划且 $r - a$ 年后退休，即 $M(r) = 1$ 得以实现。

现在用 $NC(t)$ 和 $PB(t)$ 分别表示 t 时刻在职参保人的总缴费额和预定退休收益给付额。这里 $NC(t)$ 也表示将未来退休收益的精算现值连续分配到

在职参保人的工作期内所得到的正常成本。使用之前介绍的符号，在职参保人在 t 时刻的缴费总额 $NC(t)$ 可表示为

$$NC(t) = \int_a^r e^{-\delta(r-x)} \cdot {}^TP_{t+r-x} m(x) \, dx$$

$$= f\bar{s}(r)\bar{a}_r^h \int_a^r e^{-\delta(r-x)} w(r, \, t+r-x) n(t-x+a) m(x) \, dx, \quad 0 \leqslant t \leqslant T$$

$$(4-2)$$

过程 $PB(t)$ 表示在 t 时刻向退休参保人承诺给付的退休收益总额，记为

$$PB(t) = \int_r^\omega n(t-x+a)\bar{s}(x) fw(r, \, t-x+r) h(x) \, dx, \quad 0 \leqslant t \leqslant T$$

$$(4-3)$$

而实际的退休收益给付额定义为控制变量 $B(t)$。

二、金融市场

假设 $\boldsymbol{W}(t) = (W_1(t), \, W_2(t), \, \cdots, \, W_m(t))'$，$t \in [0, \, T]$ 是定义在完备滤过概率空间 $(\Omega, \, \mathscr{F}, \, \mathbb{P})$ 上的 m 维标准布朗运动，其中 $\{W_1(t), \, W_2(t), \, \cdots, \, W_m(t)\}$ 相互独立。$(\cdot)'$ 表示向量或矩阵的转置。

假设连续时间的金融市场包含一种无风险资产（债券）和 m 种风险资产（股票）。无风险资产在 t 时刻的价格过程 $S_0(t)$ 满足

$$dS_0(t) = r_0 S_0(t) \, dt, \quad S_0(0) = 1 \tag{4-4}$$

其中，$r_0 > 0$ 是无风险利率。第 i 种风险资产的价格过程记为 $S_i(t)$，$i = 1, \, 2, \, \cdots, \, m$，并假设 $S_i(t)$ 满足如下的随机微分方程：

$$dS_i(t) = S_i(t)\left((r_0 + \mu_i) \, dt + \sum_{j=1}^m \sigma_{ij} dW_j(t)\right)$$

$$S_i(0) = s_i \tag{4-5}$$

其中，$s_i > 0$，μ_i 和 $\boldsymbol{\sigma}_i = (\sigma_{i1}, \, \sigma_{i2}, \, \cdots, \, \sigma_{im})'$ 分别表示第 i 种风险资产的风险溢价和波动率。记波动率矩阵为 $\boldsymbol{\sigma} = (\sigma_{ij})_{m \times m}$ 且满足非退化条件 $\boldsymbol{\sigma}\boldsymbol{\sigma}' > 0$。

三、S 形效用函数

在本章中，假设养老金计划参保人均为损失厌恶型投资者，其效用函数满足前景理论中的 S 形效用（见图 4-1）。定义

$$U(x) = \begin{cases} u_1(x), & x > 0 \\ u_2(x), & x \leqslant 0 \end{cases} \tag{4-6}$$

其中，$u_1(\cdot)$：$\mathbb{R}^+ \mapsto \mathbb{R}^+$ 是严格递增、二次可微的凹函数，且 $u_1(0) = 0$，$u_1'(0+) = +\infty$，$u_1'(+\infty) = 0$。$u_2(\cdot)$：$\mathbb{R}^- \mapsto \mathbb{R}^-$ 是严格递增的凸函数，且 $u_2(0) = 0$，$u_2'(0-) = +\infty$，$u_2'(-\infty) = 0$。此外，假设 $x > 0$ 时，$u_2'(-x) > u_1'(x)$，这反映出投资者对损失比对收益更敏感。

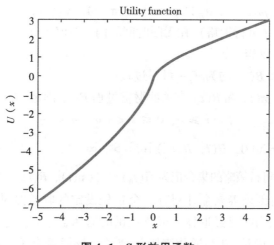

图 4-1　S 形效用函数

第二节　最优策略的求解

一、一般框架

目标收益型养老金管理者负责对账户的管理。假设养老基金的初始财富为 f_0，并且将账户基金在无风险资产和风险资产之间进行投资。在 t 时刻投资于第 i 种风险资产的财富金额由 $\pi_i(t)$ 表示，$i = 1, 2, \cdots, n$，则投资于无风险资产的金额为 $F(t) - \sum_{i=1}^{n} \pi_i(t)$。考虑 t 时刻在职参保人的缴费 $NC(t)$，及退休参保人的实际收益给付 $B(t)$，财富过程 $F(t)$ 可以通过以下随机微分方程描述：

$$\begin{cases} \mathrm{d}F(t) = \sum_{i=1}^{n} \pi_i(t)\, \dfrac{\mathrm{d}S_i(t)}{S_i(t)} + \Big[F(t) - \sum_{i=1}^{n} \pi_i(t) \Big] \dfrac{\mathrm{d}S_0(t)}{S_0(t)} + \big[NC(t) - B(t) \big] \mathrm{d}t \\ F(0) = f_0 \end{cases}$$

$$(4\text{-}7)$$

我们可以将式（4-7）写为

$$\begin{cases} dF(t) = [r_0 F(t) + \boldsymbol{\pi}'(t)\boldsymbol{\mu}]dt + [NC(t) - B(t)]dt + \boldsymbol{\pi}'(t)\boldsymbol{\sigma}dW(t) \\ F(0) = f_0 \end{cases}$$

(4-8)

其中，$\boldsymbol{\mu} = (\mu_1, \mu_2, \cdots, \mu_m)'$，$\boldsymbol{\pi}(t) = (\pi_1(t), \pi_2(t), \cdots, \pi_m(t))'$。

定义 4.1　（可行策略）在无限时间域内，策略 $(\boldsymbol{\pi}(t), B(t))$ 在 f_0 处是可行的，当且仅当

（1）$\boldsymbol{\pi}(t)$ 和 $B(t)$ 均为 $\mathscr{F}_t$ - 可料过程；

（2）与 f_0，$\boldsymbol{\pi}(t)$ 和 $B(t)$ 有关的财富过程 $F(t)$ 满足

$$F(t) \geq 0, \ 0 \leq t < +\infty, \ a.s.$$

（3）$E\left[\int_0^{+\infty} \min[0, U(t, B(t))]dt \right] > -\infty$。

下面将所有可行策略的集合记为 $\Pi(f_0) = \{(\boldsymbol{\pi}(t), B(t)): 0 \leq t \leq T\}$。

假设在 0 时刻该养老金计划有一个预先设定的收益给付目标 B^*，这是该计划旨在向当时已经退休的群体提供的退休金总额。这一总目标收益以速率 β 呈指数增长，β 与通货膨胀等金融市场因素有关。因此，适用于 $t(>0)$ 时刻的总目标收益为 $B^* e^{\beta t}$。管理者的目标是选择最优的投资组合和退休收益给付策略 $(\boldsymbol{\pi}(t), B(t)) \in \Pi(f_0)$，以最大化退休给付额的 S 形效用，即最大化目标函数：

$$J(\boldsymbol{\pi}(t), B(t)) = E\left[\int_0^\infty e^{-\rho t} U(B(t) - B^* e^{\beta t})dt \right]$$

其中，$\rho > 0$ 是贴现率，$U(\cdot)$ 是 S 形效用函数。$B^* e^{\beta t}$ 是时间相关的收益目标，也是效用函数 $U(\cdot)$ 的拐点。

假设退休参保人的最低生活保障为 $\alpha PB(t)$，这是预先承诺收益 $PB(t)$ 的一定比例，即 $0 \leq \alpha PB(t) \leq B^* e^{\beta t}$。这一水平也可以看作是退休收益的下行约束，这意味着 $B(t) \geq \alpha PB(t)$。

在一个完整的金融市场中，该动态优化问题可以表述为

$$\max_{(\boldsymbol{\pi}(t), B(t)) \in \Pi(f_0)} E\left[\int_0^\infty e^{-\rho t} U(B(t) - B^* e^{\beta t})dt \right]$$

$$s.t. \ dF(t) = [r_0 F(t) + \boldsymbol{\pi}'(t)\boldsymbol{\mu}]dt + [NC(t) - B(t)]dt + \boldsymbol{\pi}'(t)\boldsymbol{\sigma}dW(t)$$

$$F(0) = f_0$$

$$B(t) \geq \alpha PB(t), \ F(t) \geq 0, \ \forall t \geq 0$$

为了便于求解最优投资组合和退休收益问题，假设市场是完全的。存在一个状态价格密度

$$\xi(t) = \exp\left(-\left(r_0 + \frac{1}{2}\parallel \boldsymbol{\kappa}\parallel^2\right)t - \boldsymbol{\kappa}'\boldsymbol{W}(t)\right)$$

满足 $\xi(0) = 1$。$\boldsymbol{\kappa} = \boldsymbol{\sigma}^{-1}\boldsymbol{\mu}$ 表示风险的市场价格。

利用鞅方法，以上动态优化问题可以转化为等价的静态优化问题：

$$\max_{(\boldsymbol{\pi}(t),\,B(t))\in\Pi(f_0)} \mathrm{E}\left[\int_0^{\infty}\mathrm{e}^{-\rho t}U(B(t) - B^* \mathrm{e}^{\beta t})\mathrm{d}t\right]$$

$$s.t.\ \mathrm{E}\left[\int_0^{\infty}\xi(t)B(t)\mathrm{d}t\right] = f_0 + \mathrm{E}\left[\int_0^{\infty}\xi(t)NC(t)\mathrm{d}t\right]$$

$$B(t) \geq \alpha PB(t) \tag{4-9}$$

从经济学来说，由于 $\alpha PB(t)$ 是收益的下限约束，因此问题（4-9）必须满足预算约束条件：

$$\mathrm{E}\left[\int_0^{\infty}\xi(t)(\alpha PB(t) - NC(t))\mathrm{d}t\right] \leq f_0 \tag{4-10}$$

贴现率为状态价格密度 $\xi(t)$。预算限制可以解释为：预期收益的贴现减去预期的缴费总额不能超过初始资产的价值。

根据 Berkelaar 等（2004），采用鞅方法求解优化问题（4-9），得到最优投资组合策略和收益给付策略。下面的定理给出了相关的结果。

定理 4.1 定义 t 时刻的最优财富 $F(t)$：$= \widetilde{F}_{\infty}(\xi_t^{\gamma})$，则最优退休收益给付策略和投资策略分别为

$$\begin{cases} B^*(t) = \left[I_1(\xi_t^{\gamma}) + B^*\mathrm{e}^{\beta t}\right]\boldsymbol{I}_{\{\xi_t^{\gamma}\leq\xi^*\}} + \alpha PB(t)\boldsymbol{I}_{\{\xi_t^{\gamma}>\xi^*\}} \\ \boldsymbol{\pi}^*(t) = -\boldsymbol{\sigma}^{-1}\boldsymbol{\kappa}\xi_t^{\gamma}\widetilde{F}_{\infty}'(\xi_t^{\gamma}) \end{cases} \tag{4-11}$$

且

$$F(t) = \frac{1}{\xi(t)}\mathrm{E}\left[\int_t^{\infty}\xi(s)\left[(I_1(\xi_s^{\gamma}) + B^*\mathrm{e}^{\beta t})\boldsymbol{I}_{\{\xi_s^{\gamma}\leq\xi^*\}} + \alpha PB(s)\boldsymbol{I}_{\{\xi_s^{\gamma}>\xi^*\}} - NC(s)\right]\mathrm{d}s\ \Big|\ \mathscr{F}_t\right]$$

证明： 由于 S 形效用函数不是凹函数，所以一阶条件仅给出局部极大值。因此需要讨论相对于预定目标水平（拐点）的最优策略。首先定义

$$L(B(t)) = \mathrm{e}^{-\rho t}U(B(t) - B^*\mathrm{e}^{\beta t}) - yB(t)\xi(t)$$

其中，y 是与预算约束关联的 Lagrange 乘数，$U(\cdot)$ 由式（4-6）定义。

可以看到，如果 $B^*(t)$ 满足式（4-9）中的约束条件，并且使 $L(B(t))$ 达到最大值，那么 $B^*(t)$ 就是问题（4-9）的最优解。如果 $B(t) < B^*\mathrm{e}^{\beta t}$，则效用函数是凸的，Weirestrass 定理表明最大值位于边界上，则 $B_1^*(t) = B^*\mathrm{e}^{\beta t}$ 或 $B_2^*(t) = \alpha PB(t)$；如果 $B(t)\geq B^*\mathrm{e}^{\beta t}$，效用函数是凹的，最优策略可以通过求解 Karush-Kuhn-Tucker 条件而得到：

$$\begin{cases} e^{-\rho t}u_1{}'(B(t)-B^*e^{\beta t})-y\xi(t)+\lambda=0 \\ \lambda(B(t)-\alpha PB(t))=0, \quad \lambda,\ y\geq 0 \end{cases}$$

其中，λ 是与下边界约束关联的乘子。对于效用函数 $u_1(x)$，一阶导数 $u_1{}'(x)$ 是一个严格减函数，那么存在一个反函数 $I_1(x)$ 满足

$$I_1(x): = (u_1{}')^{-1}(x)$$

因此局部极大值为

$$B_3^*(t) = I_1(y\xi(t)e^{\rho t}) + B^*e^{\beta t}$$

为了得到全局最优解，需要比较局部最优解的大小。首先比较 $B_1^*(t)$ 与 $B_3^*(t)$ 的大小。

$L(B_3^*(t)) - L(B_1^*(t))$

$= e^{-\rho t}u_1(I_1(y\xi(t)e^{\rho t})) - y\xi(t)[I_1(y\xi(t)e^{\rho t}) + B^*e^{\beta t}] + y\xi(t)B^*e^{\beta t}$

$= e^{-\rho t}u_1(I_1(y\xi(t)e^{\rho t})) - e^{-\rho t}u_1(0) - y\xi(t)I_1(y\xi(t)e^{\rho t})$

$= e^{-\rho t}u_1{}'(\varrho) \cdot I_1(y\xi(t)e^{\rho t}) - y\xi(t)I_1(y\xi(t)e^{\rho t})$

$\geq e^{-\rho t}u_1{}'(I_1(y\xi(t)e^{\rho t})) \cdot I_1(y\xi(t)e^{\rho t}) - y\xi(t)I_1(y\xi(t)e^{\rho t})$

$= y\xi(t)I_1(y\xi(t)e^{\rho t}) - y\xi(t)I_1(y\xi(t)e^{\rho t}) = 0$

其中，$\varrho \in (0,\ I_1(y\xi(t)e^{\rho t}))$ 由中值定理得到。因此 $B_3^*(t)$ 总是优于 $B_1^*(t)$，而 $B_1^*(t)$ 在任何情况下都不是最优解。

其次，比较 $B_2^*(t)$ 与 $B_3^*(t)$ 的大小。

$L(B_3^*(t)) - L(B_2^*(t))$

$= e^{-\rho t}u_1(I_1(y\xi(t)e^{\rho t})) - y\xi(t)[I_1(y\xi(t)e^{\rho t}) + B^*e^{\beta t}] - e^{-\rho t}u_2(\alpha PB(t) - B^*e^{\beta t}) + y\xi(t)\alpha PB(t)$

$= e^{-\rho t}u_1(I_1(y\xi(t)e^{\rho t})) - e^{-\rho t}u_1(0) - y\xi(t)[I_1(y\xi(t)e^{\rho t}) + B^*e^{\beta t} - \alpha PB(t)] - e^{-\rho t}u_2(\alpha PB(t) - B^*e^{\beta t})$

$\geq e^{-\rho t}u_1{}'(I_1(y\xi(t)e^{\rho t})) \cdot I_1(y\xi(t)e^{\rho t}) - y\xi(t)[I_1(y\xi(t)e^{\rho t}) + B^*e^{\beta t} - \alpha PB(t)] - e^{-\rho t}u_2(\alpha PB(t) - B^*e^{\beta t})$

$= -e^{-\rho t}[(B^*e^{\beta t} - \alpha PB(t)) \cdot y\xi(t)e^{\rho t} + u_2(\alpha PB(t) - B^*e^{\beta t})]$ (4-12)

令

$$g(y\xi(t)e^{\rho t}) = e^{\rho t}[L(B_3^*(t)) - L(B_2^*(t))]$$

那么，

$g(x) = u_1(I_1(x)) - x[I_1(x) + B^*e^{\beta t} - \alpha PB(t)] - u_2(\alpha PB(t) - B^*e^{\beta t})$

$g'(x) = -I_1(x) - B^*e^{\beta t} + \alpha PB(t) < 0$

这表明 $g(x)$ 是严格递减的。

如果 $g(y\xi(t)e^{\rho t}) > 0$，则 $B_3^*(t)$ 是最优解；否则 $B_2^*(t)$ 是最优解。对于式（4-12），可以发现

$$g\left(\frac{u_2(\alpha PB(t) - B^* e^{\beta t})}{\alpha PB(t) - B^* e^{\beta t}}\right) \geq (B^* e^{\beta t} - \alpha PB(t)) \cdot \frac{u_2(\alpha PB(t) - B^* e^{\beta t})}{\alpha PB(t) - B^* e^{\beta t}} +$$

$$u_2(\alpha PB(t) - B^* e^{\beta t}) = 0$$

这表明 $g(x) = 0$ 在区间 $\left(\dfrac{u_2(\alpha PB(t) - B^* e^{\beta t})}{\alpha PB(t) - B^* e^{\beta t}}, +\infty\right)$ 上存在唯一解 ξ^*。

为了简化表示，令 $\xi_t^\gamma := y\xi(t)e^{\rho t}$。然后，可以得出结论：当 $\xi_t^\gamma \leq \xi^*$ 时，$B_3^*(t)$ 是最优解。当 $\xi_t^\gamma > \xi^*$ 时，$B_2^*(t)$ 是最优解。将这一结果总结为下面的表达式：

$$B^*(t) = \begin{cases} I_1(\xi_t^\gamma) + B^* e^{\beta t}, & \xi_t^\gamma \leq \xi^* \\ \alpha PB(t), & \xi_t^\gamma > \xi^* \end{cases}$$

其中，y 满足

$$f_0 + \mathrm{E}\left[\int_0^\infty \xi(s)NC(t)\mathrm{d}s\right] = \mathrm{E}\left[\int_0^\infty \xi(s)\left[(I_1(\xi_s^\gamma) + B^* e^{\beta s})\boldsymbol{I}_{\{\xi_s^\gamma \leq \xi^*\}} + \alpha PB(s)\boldsymbol{I}_{\{\xi_s^\gamma > \xi^*\}}\right]\mathrm{d}s\right]$$

根据 Karatzas 和 Shreve（1998）中的定理 9.11，相应的最优财富过程由下式给出

$$F(t) = \frac{1}{\xi(t)}\mathrm{E}\left[\int_t^\infty \xi(s)\left[(I_1(\xi_s^\gamma) + B^* e^{\beta s})\boldsymbol{I}_{\{\xi_s^\gamma \leq \xi^*\}} + \alpha PB(s)\boldsymbol{I}_{\{\xi_s^\gamma > \xi^*\}} - NC(s)\right]\mathrm{d}s \mid \mathscr{F}_t\right]$$

对上述 $F(t)$ 进行 Itô 微分，通过与方程（4-8）中的系数进行比较，可以得到最优投资策略（4-11）。

注 4.1 具有损失厌恶的目标收益型计划参保人的最优收益给付策略和投资策略是不连续的。当状态价格密度低于阈值 $\xi^*/(ye^{\rho t})$，即金融市场处于良好状态时，最优收益在目标收益之上。当状态价格密度超过阈值时，最优收益下降到下边界，投资策略更加激进，直到养老金资金状况得到改善。

二、最优化问题的求解

为了实现上一节的理论结果，在本节中，假设参数的信息是已知的，并且增加了以下假设。

基于一系列的实验和相关的结果，Kahneman 和 Tversky（1979）提出了前景理论的框架，它指出，人们总是相对于参考水平的损益做出决策。因此，他们提出了如下效用函数：

$$U(x) = \begin{cases} u_1(x) = Ax^{\gamma_1}, & x > 0 \\ u_2(x) = -B(-x)^{\gamma_2}, & x \leqslant 0 \end{cases} \tag{4-13}$$

其中，A 和 B 为正常数；根据损失厌恶理论，$B > A$，且 $0 < \gamma_1 \leqslant \gamma_2 < 1$。一些关于养老金的研究文献，例如 Blake 等（2013），Guan 和 Liang（2016），Chen 等（2017）也采用这一效用函数来描述决策者的偏好。

对于工资率 $w(x, t)$，定义 $w(x, t) = w_0 e^{\theta t + \eta(x-a)}$，其中 θ 是由于通货膨胀和金融市场因素而导致的工资的期望指数增长率，而 η 则表示参保人加入养老金计划以来生产力的提升。假设每单位时间加入养老金计划的人数恒为 n。也就是说，任意 $t \geqslant 0$ 均有 $n(t) = n$。

将上述 $w(x, t)$ 代入式（4-2）和式（4-3），得到 $NC(t)$ 和 $PB(t)$ 分别有如下表达式：

$$NC(t) = C_1 e^{\theta t} \tag{4-14}$$

$$PB(t) = B_1 e^{\theta t} \tag{4-15}$$

其中

$$C_1 = f\bar{s}(r)\bar{a}_r^h n w_0 \int_a^r e^{(\theta-\delta)(r-x)+\eta(r-a)} m(x)\,\mathrm{d}x$$

$$B_1 = n w_0 \int_r^\omega \bar{s}(x) f e^{\theta(r-x)+\eta(r-a)} h(x)\,\mathrm{d}x$$

下面将计算最优收益给付策略和最优投资策略，首先给出以下引理。

引理 4.1 令

$$X_\infty(y) = E\Big[\int_0^\infty \xi(s)\big(I_1(\xi_s^\gamma) + B^* e^{\beta s}\big)\boldsymbol{I}_{\{\xi_s^\gamma \leqslant \xi^*\}}\,\mathrm{d}s\Big]$$

$$Y_\infty(y) = E\Big[\int_0^\infty \alpha PB(s)\xi(s)\boldsymbol{I}_{\{\xi_s^\gamma > \xi^*\}}\,\mathrm{d}s\Big]$$

$$Z_\infty(y) = E\Big[\int_0^\infty NC(s)\xi(s)\,\mathrm{d}s\Big]$$

并定义

$$\tilde{\gamma} = r_0 + \frac{1}{2}\|\boldsymbol{\kappa}\|^2 - \rho$$

$$\delta_i = \frac{\tilde{\gamma}}{\|\boldsymbol{\kappa}\|^2} - (-1)^i \frac{\sqrt{2\|\boldsymbol{\kappa}\|^2\rho + \tilde{\gamma}^2}}{\|\boldsymbol{\kappa}\|^2}, \quad i = 1, 2$$

$$\delta_j = \frac{\tilde{\gamma}}{\|\boldsymbol{\kappa}\|^2} - (-1)^j \frac{\sqrt{2\|\boldsymbol{\kappa}\|^2(\rho-\beta) + \tilde{\gamma}^2}}{\|\boldsymbol{\kappa}\|^2}, \quad j = 3, 4$$

$$\delta_k = \frac{\widetilde{\gamma}}{\parallel \kappa \parallel^2} - (-1)^k \frac{\sqrt{2 \parallel \kappa \parallel^2 (\rho - \theta) + \widetilde{\gamma}^2}}{\parallel \kappa \parallel^2}, \quad k = 5, \ 6$$

如果问题 (4-9) 满足 $X_\infty(y) < +\infty$, $r_0 > \theta$ 和 $\dfrac{2(C_1 - \alpha B_1)}{\parallel \kappa \parallel^2 (1 - \delta_5)(1 - \delta_6)} \leqslant$

f_0, 那么

$$X_\infty(y) = \frac{2}{\parallel \kappa \parallel^2 (\delta_1 - \delta_2)} \left[\left(y^{\delta_2 - 1} \int_0^y \eta^{-\delta_2} I_1(\eta) \mathrm{d}\eta + y^{\delta_1 - 1} \int_y^{\xi^*} \eta^{-\delta_1} I_1(\eta) \mathrm{d}\eta \right) \boldsymbol{I}_{\{y \leqslant \xi^*\}} \right.$$

$$\left. + y^{\delta_2 - 1} \int_0^{\xi^*} \eta^{-\delta_2} I_1(\eta) \mathrm{d}\eta \boldsymbol{I}_{\{y > \xi^*\}} \right] + \frac{2B^*}{\parallel \kappa \parallel^2 (\delta_3 - \delta_4)} \left\{ \frac{1}{1 - \delta_4} \left(\frac{y}{\xi^*} \right)^{\delta_4 - 1} \boldsymbol{I}_{\{y > \xi^*\}} \right.$$

$$\left. + \left[\frac{1}{1 - \delta_4} + \frac{1}{1 - \delta_3} \left(\left(\frac{y}{\xi^*} \right)^{\delta_3 - 1} - 1 \right) \right] \boldsymbol{I}_{\{y \leqslant \xi^*\}} \right\} \tag{4-16}$$

$$Y_\infty(y) = \frac{2\alpha B_1}{\parallel \kappa \parallel^2 (\delta_5 - \delta_6)} \left\{ \left[\frac{1}{1 - \delta_6} \left(1 - \left(\frac{y}{\xi^*} \right)^{\delta_6 - 1} \right) - \frac{1}{1 - \delta_5} \right] \boldsymbol{I}_{\{y > \xi^*\}} \right.$$

$$\left. - \frac{1}{1 - \delta_5} \left(\frac{y}{\xi^*} \right)^{\delta_5 - 1} \boldsymbol{I}_{\{y \leqslant \xi^*\}} \right\} \tag{4-17}$$

$$Z_\infty(y) = - \frac{2C_1}{\parallel \kappa \parallel^2 (1 - \delta_5)(1 - \delta_6)} \tag{4-18}$$

证明： 首先计算 $X_\infty(y)$。

$$X_\infty(y) = E \left[\int_0^\infty \xi(s) (I_1(\xi_s^y) + B^* e^{\beta s}) \boldsymbol{I}_{\{\xi_s^y \leqslant \xi^*\}} \mathrm{d}s \right]$$

$$= \int_{-\infty}^\infty \int_0^\infty e^{-\widetilde{\gamma} s - \kappa' e_m \cdot x - \rho s} (I_1(\xi_s^y) + B^* e^{\beta s}) \frac{1}{\sqrt{2\pi s}} e^{-\frac{x^2}{2s}} \boldsymbol{I}_{\{-\widetilde{\gamma} s - \kappa' e_m \cdot x \leqslant \ln \xi^* - \ln y\}} \mathrm{d}s \mathrm{d}x$$

其中, $\mathbf{e}_m = (1, \cdots, 1)'$ 是 m 维单位列向量。定义 $z := \widetilde{\gamma} t + \kappa' e_m \cdot x$, 则

$$X_\infty(y) = \int_{-\infty}^\infty \int_0^\infty e^{-z - \rho s} (I_1(y e^{-z}) + B^* e^{\beta s}) \frac{1}{\sqrt{2\pi \parallel \kappa \parallel^2 s}} e^{-\frac{(z - \widetilde{\gamma} s)^2}{2 \parallel \kappa \parallel^2 s}} \boldsymbol{I}_{\{z \geqslant \ln y - \ln \xi^*\}} \mathrm{d}s \mathrm{d}x$$

$$= \int_{-\infty}^\infty \int_0^\infty e^{\frac{z \widetilde{\gamma}}{\parallel \kappa \parallel^2} - z} I_1(y e^{-z}) \frac{1}{\sqrt{2\pi \parallel \kappa \parallel^2 s}} e^{-\frac{z^2}{2 \parallel \kappa \parallel^2 s} - \left(\frac{\widetilde{\gamma}^2}{2 \parallel \kappa \parallel^2} + \rho \right) s} \boldsymbol{I}_{\{z \geqslant \ln y - \ln \xi^*\}} \mathrm{d}s \mathrm{d}x$$

$$+ \int_{-\infty}^\infty \int_0^\infty e^{\frac{z \widetilde{\gamma}}{\parallel \kappa \parallel^2} - z} \frac{B^*}{\sqrt{2\pi \parallel \kappa \parallel^2 s}} e^{-\frac{z^2}{2 \parallel \kappa \parallel^2 s} - \left(\frac{\widetilde{\gamma}^2}{2 \parallel \kappa \parallel^2} + \rho - \beta \right) s} \boldsymbol{I}_{\{z \geqslant \ln y - \ln \xi^*\}} \mathrm{d}s \mathrm{d}x$$

考虑下面的等式

$$\int_0^\infty \frac{1}{\sqrt{\pi t}} e^{-\frac{a}{4t} - pt} dt = \frac{e^{-\sqrt{ap}}}{\sqrt{p}}, \quad a > 0, \quad p > 0$$

可以得到

$$X_\infty(y) = \frac{1}{\sqrt{\tilde{\gamma}^2 + 2\|\boldsymbol{\kappa}\|^2 \rho}} \int_{-\infty}^\infty \exp\left(\frac{\tilde{\gamma} - \|\boldsymbol{\kappa}\|^2}{\|\boldsymbol{\kappa}\|^2} z - \frac{\sqrt{\tilde{\gamma}^2 + 2\|\boldsymbol{\kappa}\|^2 \rho}}{\|\boldsymbol{\kappa}\|^2}|z|\right) I_1(ye^{-z}) \boldsymbol{I}_{\{z \geq \ln y - \ln \xi^*\}} dz$$

$$+ \frac{B^*}{\sqrt{\tilde{\gamma}^2 + 2\|\boldsymbol{\kappa}\|^2(\rho - \beta)}} \int_{-\infty}^\infty \exp\left(\frac{\tilde{\gamma} - \|\boldsymbol{\kappa}\|^2}{\|\boldsymbol{\kappa}\|^2} z - \frac{\sqrt{\tilde{\gamma}^2 + 2\|\boldsymbol{\kappa}\|^2(\rho - \beta)}}{\|\boldsymbol{\kappa}\|^2}|z|\right) \boldsymbol{I}_{\{z \geq \ln y - \ln \xi^*\}} dz$$

$$= \frac{2}{\|\boldsymbol{\kappa}\|^2(\delta_1 - \delta_2)}\left[\int_0^\infty e^{(\delta_2 - 1)z} I_1(ye^{-z}) \boldsymbol{I}_{\{z \geq \ln y - \ln \xi^*\}} dz + \int_{-\infty}^0 e^{(\delta_1 - 1)z} I_1(ye^{-z}) \boldsymbol{I}_{\{z \geq \ln y - \ln \xi^*\}} dz\right]$$

$$+ \frac{2B^*}{\|\boldsymbol{\kappa}\|^2(\delta_3 - \delta_4)}\left[\int_0^\infty e^{(\delta_4 - 1)z} \boldsymbol{I}_{\{z \geq \ln y - \ln \xi^*\}} dz + \int_{-\infty}^0 e^{(\delta_3 - 1)z} \boldsymbol{I}_{\{z \geq \ln y - \ln \xi^*\}} dz\right]$$

$$= \frac{2}{\|\boldsymbol{\kappa}\|^2(\delta_1 - \delta_2)}\left[\int_0^y y^{\delta_2 - 1} \eta^{-\delta_2} I_1(\eta) \boldsymbol{I}_{\{\eta \leq \xi^*\}} d\eta + \int_y^\infty y^{\delta_1 - 1} \eta^{-\delta_1} I_1(\eta) \boldsymbol{I}_{\{\eta \leq \xi^*\}} d\eta\right]$$

$$+ \frac{2B^*}{\|\boldsymbol{\kappa}\|^2(\delta_3 - \delta_4)}\left[\int_0^y y^{\delta_4 - 1} \eta^{-\delta_4} \boldsymbol{I}_{\{\eta \leq \xi^*\}} d\eta + \int_y^\infty y^{\delta_3 - 1} \eta^{-\delta_3} \boldsymbol{I}_{\{\eta \leq \xi^*\}} d\eta\right]$$

$$= \frac{2}{\|\boldsymbol{\kappa}\|^2(\delta_1 - \delta_2)}\left[\left(y^{\delta_2 - 1} \int_0^y \eta^{-\delta_2} I_1(\eta) d\eta + y^{\delta_1 - 1} \int_y^{\xi^*} \eta^{-\delta_1} I_1(\eta) d\eta\right) \boldsymbol{I}_{\{y \leq \xi^*\}}\right.$$

$$\left. + y^{\delta_2 - 1} \int_0^{\xi^*} \eta^{-\delta_2} I_1(\eta) d\eta \boldsymbol{I}_{\{y > \xi^*\}}\right] + \frac{2B^*}{\|\boldsymbol{\kappa}\|^2(\delta_3 - \delta_4)}\left\{\frac{1}{1 - \delta_4}\left(\frac{y}{\xi^*}\right)^{\delta_4 - 1} \boldsymbol{I}_{\{y > \xi^*\}}\right.$$

$$\left. + \left[\frac{1}{1 - \delta_4} + \frac{1}{1 - \delta_3}\left(\left(\frac{y}{\xi^*}\right)^{\delta_3 - 1} - 1\right)\right] \boldsymbol{I}_{\{y \leq \xi^*\}}\right\}$$

考虑到预算限制（4-10），将式（4-14）和式（4-15）代入式（4-10），通过计算可以得到限制条件 $\dfrac{2(C_1 - \alpha B_1)}{\|\boldsymbol{\kappa}\|^2(1 - \delta_5)(1 - \delta_6)} \leq f_0$。

类似地，可以分别求解得到 $Y_\infty(y)$ 和 $Z_\infty(y)$ 解的表达式，此处省略。

下面，根据 Karatzas 和 Shreve（1998）中的推论 9.15，将相应的结果总结为以下定理。

定理 4.2 如果 $X_\infty(y) < +\infty$，定义

$$\widetilde{F}_\infty(\xi_t^y) = X_\infty(\xi_t^y) + Y_\infty(\xi_t^y) - Z_\infty(\xi_t^y)$$

其中，$X_\infty(y)$，$Y_\infty(y)$，$Z_\infty(y)$ 分别由式（4-16），式（4-17）和式（4-18）给出。那么问题在 t 时刻的最优养老金财富额 $F(t) = \widetilde{F}_\infty(\xi_t^y)$，满足：

（1）如果 $\xi_t^\gamma > \xi^*$ ，

$$\widetilde{F}_\infty(\xi_t^\gamma) = \frac{2}{\|\boldsymbol{\kappa}\|^2}\left[c_2(\xi_t^\gamma)^{\delta_2-1} + c_4(\xi_t^\gamma)^{\delta_4-1} - c_6(\xi_t^\gamma)^{\delta_6-1} + \frac{\alpha B_1 b_2}{\delta_5 - \delta_6} + \frac{C_1}{(1-\delta_5)(1-\delta_6)}\right]$$

（4-19）

（2）如果 $0 < \xi_t^\gamma \leqslant \xi^*$ ，

$$\widetilde{F}_\infty(\xi_t^\gamma) = \frac{2}{\|\boldsymbol{\kappa}\|^2}\left[c_1(\xi_t^\gamma)^{\delta_1-1} + c_3(\xi_t^\gamma)^{\delta_3-1} - c_5(\xi_t^\gamma)^{\delta_5-1} + a_3(\xi_t^\gamma)^{\frac{1}{\gamma_1-1}} + \frac{B^* b_1}{\delta_3 - \delta_4}\right.$$

$$\left. + \frac{C_1}{(1-\delta_5)(1-\delta_6)}\right]$$

（4-20）

此外，最优收益给付策略和最优投资策略分别为：

（1）如果 $\xi_t^\gamma > \xi^*$ ，

$$B^*(t) = \alpha PB(t)$$

（4-21）

$$\boldsymbol{\pi}^*(t) = -\frac{2\boldsymbol{\sigma}^{-1}\boldsymbol{\kappa}}{\|\boldsymbol{\kappa}\|^2}\left[(\delta_2 - 1)c_2(\xi_t^\gamma)^{\delta_2-1} + (\delta_4 - 1)c_4(\xi_t^\gamma)^{\delta_4-1}\right.$$

$$\left. - (\delta_6 - 1)c_6(\xi_t^\gamma)^{\delta_6-1}\right]$$

（4-22）

（2）如果 $0 < \xi_t^\gamma \leqslant \xi^*$ ，

$$B^*(t) = \left(\frac{\xi_t^\gamma}{A\gamma_1}\right)^{\frac{1}{\gamma_1-1}} + B^* e^{\beta t}$$

（4-23）

$$\boldsymbol{\pi}^*(t) = -\frac{2\boldsymbol{\sigma}^{-1}\boldsymbol{\kappa}}{\|\boldsymbol{\kappa}\|^2}\left[(\delta_1 - 1)c_1(\xi_t^\gamma)^{\delta_1-1} + (\delta_3 - 1)c_3(\xi_t^\gamma)^{\delta_3-1}\right.$$

$$\left. - (\delta_5 - 1)c_5(\xi_t^\gamma)^{\delta_5-1} + \frac{a_3}{\gamma_1 - 1}(\xi_t^\gamma)^{\frac{1}{\gamma_1-1}}\right]$$

（4-24）

此处 $\xi_t^\gamma = y\xi(t)e^{\rho t}$ ； y 满足 $f_0 + Z_\infty(y) = X_\infty(y) + Y_\infty(y)$ ，且 ξ^* 是如下方程的解：

$$A(1-\gamma_1)\left(\frac{x}{A\gamma_1}\right)^{\frac{\gamma_1}{\gamma_1-1}} - x[B^* e^{\beta t} - \alpha B_1 e^{\theta t}] + B[B^* e^{\beta t} - \alpha B_1 e^{\theta t}]^{\gamma_2} = 0$$

其中

$$a_1 = 1 - \delta_1 + \frac{1}{\gamma_1 - 1}, \quad a_2 = 1 - \delta_2 + \frac{1}{\gamma_1 - 1}, \quad a_3 = \frac{(A\gamma_1)^{\frac{1}{1-\gamma_1}}}{\delta_1 - \delta_2}\left(\frac{1}{a_2} - \frac{1}{a_1}\right)$$

$$b_1 = \frac{1}{1-\delta_4} - \frac{1}{1-\delta_3}, \quad b_2 = \frac{1}{1-\delta_6} - \frac{1}{1-\delta_5}$$

$$c_1 = \frac{(A\gamma_1)^{\frac{1}{1-\gamma_1}}(\xi^*)^{a_1}}{(\delta_1-\delta_2)a_1}, \quad c_2 = \frac{(A\gamma_1)^{\frac{1}{1-\gamma_1}}(\xi^*)^{a_2}}{(\delta_1-\delta_2)a_2}, \quad c_3 = \frac{B^*(\xi^*)^{1-\delta_3}}{(\delta_3-\delta_4)(1-\delta_3)},$$

$$c_4 = \frac{B^*(\xi^*)^{1-\delta_4}}{(\delta_3-\delta_4)(1-\delta_4)}, \quad c_5 = \frac{\alpha B_1(\xi^*)^{1-\delta_5}}{(\delta_5-\delta_6)(1-\delta_5)}, \quad c_6 = \frac{\alpha B_1(\xi^*)^{1-\delta_6}}{(\delta_5-\delta_6)(1-\delta_6)}$$

证明: 根据效用函数 (4-13) 的定义, 可以得到

$$I_1(x) = \left(\frac{x}{A\gamma_1}\right)^{\frac{1}{\gamma_1-1}} \tag{4-25}$$

根据定理 4.1, 在 t 时刻的最优财富为

$$F(t) = \frac{1}{\xi(t)}\mathrm{E}\left[\int_t^\infty \xi(s)\left[(I_1(\xi_s^y)+B^*e^{\beta s})I_{\{\xi_s^y\leq\xi^*\}} + \alpha PB(s)I_{\{\xi_s^y>\xi^*\}} - NC(s)\right]\mathrm{d}s \mid \mathscr{F}_t\right]$$

由引理 4.1, 易解得在条件 $\xi_t^y > \xi^*$ 和 $0 < \xi_t^y \leq \xi^*$ 下, $F(t)$ 的表达式分别由式 (4-19) 和式 (4-20) 给出。

接下来, 对 $X_\infty(y)$, $Y_\infty(y)$ 和 $Z_\infty(y)$ 求导, 有

$$X_\infty'(y) = \begin{cases} \dfrac{2}{\|\kappa\|^2}\left[\dfrac{(\delta_2-1)y^{\delta_2-2}}{(\delta_1-\delta_2)}\displaystyle\int_0^{\xi^*}\eta^{-\delta_2}I_1(\eta)\mathrm{d}\eta - \dfrac{B^*}{(\delta_3-\delta_4)\xi^*}\left(\dfrac{y}{\xi^*}\right)^{\delta_4-2}\right], & y>\xi^* \\[4mm] \dfrac{2}{\|\kappa\|^2}\left[\dfrac{(\delta_2-1)y^{\delta_2-2}}{(\delta_1-\delta_2)}\displaystyle\int_0^y\eta^{-\delta_2}I_1(\eta)\mathrm{d}\eta + \dfrac{(\delta_1-1)y^{\delta_1-2}}{(\delta_1-\delta_2)}\displaystyle\int_y^{\xi^*}\eta^{-\delta_1}I_1(\eta)\mathrm{d}\eta \right. \\[2mm] \left. - \dfrac{B^*}{(\delta_3-\delta_4)\xi^*}\left(\dfrac{y}{\xi^*}\right)^{\delta_3-2}\right], & 0<y\leq\xi^* \end{cases}$$

$$Y_\infty'(y) = \begin{cases} \dfrac{2\alpha B_1}{\|\kappa\|^2(\delta_5-\delta_6)\xi^*}\left(\dfrac{y}{\xi^*}\right)^{\delta_6-2}, & y>\xi^* \\[4mm] \dfrac{2\alpha B_1}{\|\kappa\|^2(\delta_5-\delta_6)\xi^*}\left(\dfrac{y}{\xi^*}\right)^{\delta_5-2}, & 0<y\leq\xi^* \end{cases}$$

$$Z_\infty'(y) = 0$$

将式 (4-25) 代入式 (4-16) 至式 (4-18), 可以得到 $\widetilde{F}_\infty'(\xi_t^y)$ 的表达式:

(1) 如果 $\xi_t^y > \xi^*$,

$$\widetilde{F}_\infty'(\xi_t^y) = \frac{2}{\|\kappa\|^2}[(\delta_2-1)c_2(\xi_t^y)^{\delta_2-2} + (\delta_4-1)c_4(\xi_t^y)^{\delta_4-2} - (\delta_6-1)c_6(\xi_t^y)^{\delta_6-2}]$$

(2) 如果 $0 < \xi_t^y \leq \xi^*$,

$$\widetilde{F}_\infty'(\xi_t^y) = \frac{2}{\|\kappa\|^2}[(\delta_1-1)c_1(\xi_t^y)^{\delta_1-2} + (\delta_3-1)c_3(\xi_t^y)^{\delta_3-2}$$

$$- (\delta_5 - 1)c_5(\xi_t^\gamma)^{\delta_5-2} + \frac{a_3}{\gamma_1 - 1}(\xi_t^\gamma)^{\frac{2-\gamma_1}{\gamma_1-1}}]$$

根据式（4-11）和 $\widetilde{F}_\infty(\xi_t^\gamma)$ 的导数，在条件 $\xi_t^\gamma > \xi^*$ 和 $0 < \xi_t^\gamma \leqslant \xi^*$ 下，$\pi^*(t)$ 的显式表达式分别由式（4-22）和式（4-24）给出。

将式（4-25）代入式（4-11），可以得到 $B^*(t)$ 的表达式：当 $\xi_t^\gamma > \xi^*$，$B^*(t)$ 的解由式（4-21）给出；当 $0 < \xi_t^\gamma \leqslant \xi^*$，$B^*(t)$ 由式（4-23）给出。

为了进一步研究这个问题，并与 CRRA 效用函数下的结果进行比较，基于 Shin 等（2007）的研究工作给出了以下推论。

推论 4.1　考虑由 CRRA 参保人组成的养老金计划，其效用函数采用 $\hat{U}(x) = x^{\gamma_3}$，$0 < \gamma_3 < 1$ 的形式，那么最优收益给付策略和最优投资策略分别为

$$\hat{B}^*(t) = \left(\frac{\hat{y}\xi(t)e^{\rho t}}{\gamma_3}\right)^{\frac{1}{\gamma_3-1}}$$

$$\hat{\pi}^*(t) = -\sigma^{-1}\kappa\, \frac{\dfrac{\hat{a}}{\gamma_3 - 1}(\hat{\xi}_t^\gamma)^{\frac{1}{\gamma_3-1}}}{\hat{a}(\hat{\xi}_t^\gamma)^{\frac{1}{\gamma_3-1}} + \dfrac{C_1}{(1-\delta_5)(1-\delta_6)}}$$

其中，$\hat{y}$ 满足 $\hat{X}_\infty = f_0 + Z_\infty(y)$。这里 $Z_\infty(y)$ 由式（4-18）给出，且

$$\hat{X}_\infty = E\left[\int_0^\infty \xi(s)\hat{B}(s)\mathrm{d}s\right]$$

$$\hat{a} = \frac{(\gamma_3)^{\frac{1}{1-\gamma_3}}}{\delta_1 - \delta_2}\left(\frac{1}{a_2} - \frac{1}{a_1}\right)$$

第三节　数值分析

在上一节中，得到了最优收益给付策略和最优投资策略的显式表达式。为了展示最优策略的结果，本节通过数值分析研究最优控制策略关于某些参数值变化的敏感性，并给出了一些经济解释。

一、参数假设

与第三章类似，假定死亡力遵循 Makeham's 定律。即个体在年龄 x 的死亡力 $\bar{\mu}(x)$ 由下式给出：

$$\bar{\mu}(x) = \mathcal{A} + \mathcal{B}\vartheta^x$$

因此生存函数可以写为

$$\bar{s}(x) = e^{-\int_0^{x-a} \bar{\mu}(a+s)\,ds} = e^{-\mathcal{A}(x-a) - \frac{\mathcal{B}}{\ln\vartheta}(\vartheta^x - \vartheta^a)}, \ a \leqslant x \leqslant \omega$$

满足 $\bar{s}(a) = 1$，当 $x > \omega$ 时，令 $\bar{s}(x) = 0$。在数值分析中，参考 Dickson 等（2013）中的假设，令 $\mathcal{A} = 2.2 \times 10^{-4}$，$\mathcal{B} = 2.7 \times 10^{-6}$，$\vartheta = 1.124$。

参考 Bowers 等（1997）第 20 章，根据进入年龄精算成本法，定义养老金应计密度函数 $m(x)$：

$$m(x) = \frac{\bar{s}(x)\,e^{-\delta x}}{\int_a^r \bar{s}(y)\,e^{-\delta y}\,dy}, \ a < x < r$$

其中，δ 是用于计算退休福利的利息力。

此外，假设生活成本的调整 $h(x) = e^{\zeta(x-r)}$，$x \geqslant r$，其中 ζ 可以看作是生活成本调整率。

其他参数值的假设如下：

• 参保人加入养老金计划的初始年龄为 30 岁，退休年龄为 65 岁，即 $a = 30$，$r = 65$。生命表的最大年龄为 100 岁，即 $\omega = 100$。

• 单位时间内加入的人数为 10，即 $n(t) = 10$。

• 对于在职参保人的工资率 $w(x, t)$，设 $\theta = 0.015$，$\eta = 0.01$ 初始工资 $w_0 = 1$。养老金根据生活成本自动调整，每年的增长率 $\zeta = 0.03$，工资替代率 $f = 0.5$。

• 目标函数中的贴现率 $\rho = 0.03$，利息力 $\delta = 0.02$。

• 为了简单但不失一般性，假设金融市场由一只股票和一种债券组成。在式（4-4）和式（4-5）中无风险利率 $r_0 = 0.03$，风险溢价 $\mu = 0.0275$，波动率 $\sigma = 0.35$。

• 养老金账户初始财富 $f_0 = 5000$。初始目标 B^* 设为 200，指数增长率 $\beta = 0.025$。为了便于对最优策略进行敏感性分析，给出某一时间点（$t = 0.5$）的数值结果。

• S 形效用函数中的参数设为 $\gamma_1 = \gamma_2 = 0.38$，$A = 1$，$B = 2.25$。

二、参数 B/A 和 B^* 对最优退休收益的影响

在本小节中，分析了最优退休收益 $B(t)$ 分别关于损失厌恶率 B/A 和目标收益增长率 β 的变化，其中 $B(t)$ 的值由方程（4-21）得到。本节所使用的参数值参见参数假设。图 4-2（a）和（b）分别展示了在市场状态好和状态差的情况下，两种不同的收益给付行为。由于损失厌恶的参保人更关心退休收益超过目标收益水平的多少，因此养老金管理者在不良市场状态下必须更加保守地支付退休金。也就是说，养老金管理者给付的收益水平为下边界 $\alpha PB(t)$，以便使养老金能够利用投资增长，使账户的资金安全稳定地维持未来几代人的目标收益水平。

比率 B/A 可以解释为计划成员的损失规避水平。B/A 较高意味着计划成员的损失厌恶程度较高，并且倾向于获得大于目标水平的收益。图 4-2（a）展示了不同 B/A 值（$B/A=1$，1.5，2.25，2.5）对应的最优收益给付额。可以发现 $B(t)$ 的值对这一参数的变化很敏感：损失厌恶比率越大，$B(t)$ 的值越低。这是因为增加 B/A 导致收益给付的阈值增加，因此，计划管理者在支付退休金时必须更加保守。

注意，从图 4-2（b）中，可以观察到退休收益给付额 $B(t)$ 随着 β 的增大而减少。这是由于为了能够达到迅速增长的收益目标 $B^* e^{\beta t}$，必须及早限制养老资金的流出，以此保证未来的退休收益给付额。

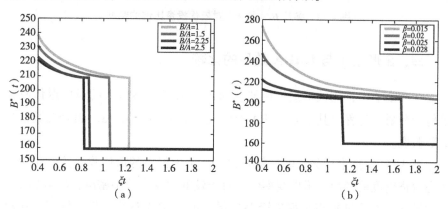

图 4-2　参数 B/A 和 β 对最优退休收益给付的影响

三、参数 B/A 和 B^* 对最优投资比例的影响

本小节研究了参数 B/A 和 B^* 的变化对股票最优投资比例的影响。图

4-3（a）展示了计划成员的损失厌恶水平对最优投资比例的影响。随着 B/A 的增加，养老金福利给付的起点也增加了。回顾图 4-2（a），在其他条件相同的情况下，当 B/A 较高时，计划管理者在给付退休收益时更加保守，这使其能够通过减少投资在股票上的资产份额来降低投资风险，并仍然有信心实现预定的目标。

从图 4-3（b）来看，预先设定的目标收益值 B^* 越大，基金最初投资于风险资产的比例就越大，这意味着投资于无风险资产的比例就越小。这与金融市场规律是一致的，在金融市场中，更高的报酬伴随着更大的风险，因此，当初始财富不变时，投资策略必须更加激进，以实现更高的预定目标 B^*。

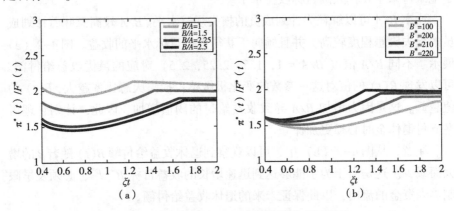

图 4-3　参数 B/A 和 B^* 对最优投资比例的影响

四、S 形效用与 CRRA 效用的比较

在本小节中，比较了损失厌恶参保人和 CRRA 参保人的最优退休收益给付额和财富过程。其中为 CRRA 参保人设定 $\gamma_3 = \gamma_1 = 0.38$。其他参数值如参数假设。

图 4-4（a）中损失厌恶参保人和 CRRA 参保人的最优收益给付额均为状态价格密度的函数。可以观察到，对于较低的状态价格密度，CRRA 参保人的最优收益给付额高于损失厌恶参保人的最优收益给付额。然而，在没有收益约束的情况下，对于较大的状态价格密度，CRRA 参保人的最优收益给付额显著下降。相比之下，损失厌恶参保人的收益逐渐降低到下边界，然后保持在下边界约束值。这表明，损失厌恶理论下的最优策略波动较小，并且能够有效地保证目标收益型养老金收益的稳定性。

图 4-4（b）显示了损失厌恶参保人和 CRRA 参保人的最优财富过程。在市场状态较好的情况下，CRRA 参保人养老金账户的财富额远远高于损失厌恶参保人的财富总额，但是随着状态价格密度的增加而迅速下降。然而，对于损失厌恶参保人来说，最优财富总额更稳定且可持续。因此，可以得出结论，对损失厌恶参保人建立的目标收益型养老金模型可以有效地为当代和后代参保人提供可持续的养老金账户。

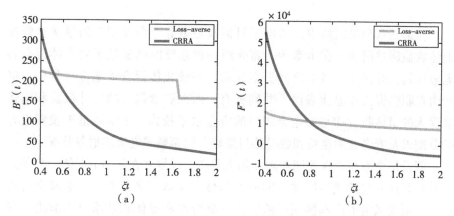

图 4-4　损失厌恶参保人和 CRRA 参保人的退休收益给付策略和财富过程

本章小结

本章研究了目标收益型养老金框架下损失厌恶参保人的连续时间最优投资和收益给付问题。养老金计划管理者定义了三个关键目标（资金的充分性、退休收益的稳定性和代际之间风险分担的公平性），并将其转化为包含损失函数的无限时间跨度的目标函数，以避免养老金的不连续性风险。假设在一个非平稳的人口模型框架下，利用鞅方法求解得到了最优投资和退休收益给付策略的显式表达式。研究发现，随着参保人对收益下行风险的厌恶程度的增加，养老金管理者在风险资产上的投资减少，而参保人代际之间的风险分担增加，以维持养老金账户的可持续性。

本章建立的模型比较简洁，假设计划管理者只有两个可支配的杠杆：资产组合（即无风险资产和风险资产之间的分配）和退休收益给付额。在实践中，第三个杠杆也经常被使用，即允许缴费率在较小的预定范围内波动。这一问题将在下一章中详细介绍。

第五章　混合养老金计划的最优投资和风险分担问题

在第三章和第四章中，考虑了目标收益型养老金模型下的最优投资和退休收益调整问题。在本章中，将介绍一种连续时间框架下的集体混合养老金计划，并在计划成员之间分散风险。在该集体混合养老金计划中，资产由在职参保人和退休参保人共同拥有，而在职参保人的应计权益和退休参保人的退休收益均与养老金账户的资金水平挂钩。本章侧重于投资组合的分配以及养老金的缴费和收益给付策略，以调整养老金的财务状况。

假设每个参与者在相同年龄 a 加入养老金计划并在年龄 r 退休。参保人在其在职期间连续进行缴费，同时在退休后领取养老年金。养老基金可投资于一项无风险资产和多项风险资产，缴费率和退休收益给付均取决于基金盈余水平。同时实际养老金负债过程取决于账户盈余水平或资金比率。从计划管理者的角度来看，本研究的最终目标是为退休参保人提供足够和稳定的退休福利，并保障在职参保人的缴费率公平有效，同时维持养老金系统的财务可持续性以确保代际公平。从数学角度，这些目标是在一定时间区间内，通过选择适当的负效用函数（disutility function），使得缴费—退休收益调整（代际风险转移）的期望负效用最小化，以及终端养老金盈余的负效用最小化来实现。负效用函数类似一种"成本"函数，常用于行为经济学和金融学，也被用于养老金的有关研究（Vigna 和 Haberman，2001）。一般来说，负效用最小化代表对正向偏差的偏好。在本章的研究背景下，采用负效用函数在一定程度上衡量了参保人对不同风险（或损失）的厌恶程度。

已有部分学者在养老金的有关研究中考虑类似负效用最小化标准。例如，Cairns（2000）用损失函数度量实际收益水平与预定目标的偏差，研究了二次损失函数、幂损失函数和指数损失函数下的最优控制问题。Vigna 和 Haberman（2001）将实际退休收益给付和预定目标之间的偏差定义为"损失"，通过优化投资策略使损失函数的值最小化。此类将损失函数作为目标函数的文献可参见 Boulier 等（1996，1997），Siegmann 和 Lucas（1999），

Haberman 和 Elena（2002），Gerrard 等（2004）。基于上述文献的研究方法，本章应用随机控制理论来求解与上述目标相关的最优投资、缴费和退休收益给付策略。在实践中，计划管理者可以针对不同的目标，根据其风险规避程度的不同，选择不同的损失函数。本章考虑了二次损失函数和指数损失函数，并讨论了相应的最优控制问题。

与现有研究的模型相比，本章考虑的混合养老金模型有以下创新：第一，基于集体混合型养老金计划视角，根据养老基金的缺口/盈余对参保人的缴费和退休收益给付进行调整，通过这种方式，将风险在不同的代际之间分担。不同于现有研究中的静态优化方法，采用随机最优控制方法来推导出最优资产配置以及缴费—退休收益调整，该方法在两种不同的损失函数下，使得缴费—退休收益调整和终端时刻盈余水平的负效用最小化。第二，将资产负债管理方法与养老金管理相结合，并假设实际负债（包括应计负债和调整负债）是一个随机过程，反映账户盈余水平的变化以及正常成本和承诺的退休收益的变化。通过数值分析，发现最优策略确实随着时间的推移而动态调整以实现设定的目标。也就是说，根据模型的可持续性目标，在保证养老基金"最优"终端财富水平的同时，对缴费水平和退休收益给付进行了同步调整。

第一节　模型描述

把所有参保人的养老金都纳入一个人口动态变化的经济体系中。在每一时刻，年轻一代的参保人同时加入养老金计划，在职参保人按工资的一定比例缴纳保费；而达到退休年龄的参保人将以年金的形式获得退休收益，退休收益的多少取决于养老基金的财务状况。

在这一节中，将用退休收益率和缴费率的调整机制来描述养老金模型。该模型是在连续时间下提出的，根据目标函数假设，每一时刻投资组合策略都基于历史收益和基金的当前表现进行调整。

一、金融市场

假设 $W(t)=(W_1(t)，W_2(t)，\cdots，W_m(t))'，t\geq 0$ 是定义在完备滤过概率空间 $(\Omega，\mathscr{F}，\mathbb{P})$ 上的 m 维标准布朗运动，其中 $\{W_1(t)，W_2(t)，\cdots，W_m(t)\}$ 相互独立。$(\cdot)'$ 表示此向量或矩阵的转置。在连续时间的金融市场

中包含一种无风险资产（债券）和 m 种风险资产（股票）。无风险资产在 t 时刻的价格过程 $S_0(t)$ 满足

$$dS_0(t) = r_0 S_0(t)dt, \quad S_0(0) = 1 \tag{5-1}$$

其中，$r_0 > 0$ 为无风险利率。第 i 种风险资产的价格过程记为 $S_i(t)$，$i = 1, 2, \cdots, m$，并假设 $S_i(t)$ 满足如下的随机微分方程：

$$dS_i(t) = S_i(t)\left((r_0 + \mu_i)dt + \sum_{j=1}^{m} \sigma_{ij}dW_j(t) \right) \tag{5-2}$$

$$S_i(0) = s_i$$

其中，s_i 是第 i 种风险资产的初始价格且 $s_i > 0$，μ_i 和 $\sigma_i = (\sigma_{i1}, \sigma_{i2}, \cdots, \sigma_{im})'$ 分别表示第 i 种风险资产的风险溢价和波动率。记波动率矩阵为 $\boldsymbol{\sigma} = (\sigma_{ij})_{m \times m}$ 且满足非退化条件 $\boldsymbol{\sigma\sigma'} > 0$。

二、模型的基本假设

与前几章的人口假设类似，本章考虑了一定时期内非平稳的、按照年龄结构划分的人口演变过程。养老金计划成员在年龄 a 进入劳动力市场，工作直到退休年龄 r。假设年龄为 x 的个体的死亡力为 $\bar{\mu}(x)$，则生存概率可以表示为

$$\bar{s}(x) = e^{-\int_0^{x-a} \bar{\mu}(a+s)ds}, \quad a \leqslant x \leqslant \omega$$

用 $n(t)$ 描述在 t 时刻年龄为 a 的群体的人数，即 t 时刻加入养老金计划的人数。那么，在时间 t 年龄为 x 的人口数量为 $n(t-(x-a))\bar{s}(x)$。值得注意的是，$t-(x-a)$ 的值可能是负数，在此处仅表示在 $t(\geqslant 0)$ 时刻年龄是 x 的成员在 $x-a$ 年前加入了该养老金计划。

在退休之前，在职参保人有持续的工资收入。用 $w(x, t)$，$a \leqslant x \leqslant r$ 表示在时间 t 年龄为 x 的在职参保人的平均年薪。工资收入的变化反映了在职参保人的绩效、生产力的变化和通货膨胀的影响。假设一名达到退休年龄的成员在初始年度的退休收益是当期工资水平的一定比例。也就是说，对于在 t 时刻退休的参保人，退休后第一年的收益率是 $\xi w(r, t)$。对于在 t 时刻年龄为 x 的退休参保人，年退休收益为 $\xi w(r, t-x+r)h(x)$，其中 $h(x)$ 代表年龄相关的调整因子，适用于 $x-r$ 年前退休的参保人的收益调整。

参考 Bowers 等（1997）中的精算符号，在本章中用 $\bar{a}_x^h$ 表示向年龄为 x 的参保人按照调整率 $h(y)$ 连续支付 \$1 的生命周期年金的精算现值。即

$$\bar{a}_x^h = \int_x^\omega e^{-\delta(y-x)} h(y) \frac{\bar{s}(y)}{\bar{s}(x)} dy, \ r \leqslant x \leqslant \omega \tag{5-3}$$

其中，δ 是年金的固定年利率。

因此，根据式 (5-3)，对于 t 时刻达到退休年龄 r 的参保人，未来退休金总额的精算现值记为 $^T P_t$，可以表示为

$$^T P_t = \xi \cdot w(r, t) n(t - r + a) \bar{s}(r) \bar{a}_r^h$$

根据 Bowers 等 (1997) 提出的精算成本法，对于在 t 时刻达到退休年龄 r 的参保人，未来退休金收入的精算现值等于其工作期间应计缴费的现值。在这种方法下，每个成员的缴费率是按照一个既定的规则来计算的。为了描述个人养老金的应计精算负债，定义累积函数 $M(x)$。根据精算成本法，$M(x)$ 表示对于 \$1 的未来退休收益，达到退休年龄 x 时参保人应该累积的精算负债为 $M(x)$。函数 $M(x)$ 是年龄变量的非减右连续函数，且对于 $a \leqslant x \leqslant r$，$0 \leqslant M(x) \leqslant 1$。还可以用应计养老金密度函数 $m(x)$ 来定义函数 $M(x)$，即

$$M(x) = \int_a^x m(y) dy, \ a \leqslant x \leqslant r \tag{5-4}$$

此处，$m(x)$ 在 $a < x < r$ 上是连续的，在 $x = a$ 点是右连续的，在 $x = r$ 点是左连续的，并且当 $x > r$，$m(x) = 0$。那么以该概率密度 $m(x)$ 累积的缴费，可以完全支付在年龄 a 加入养老金计划并在 $r - a$ 年后退休的成员的退休收益，从而 $M(r) = 1$ 得以实现。上述的定义均与第四章类似。

本章根据应计负债函数，定义正常成本，并用 $NC(t)$ 表示。在这里 $NC(t)$ 代表所有在职成员在 t 时刻应计的未来养老金的精算现值；同时这也是在 t 时刻需要由在职成员缴纳的保费率。换言之，正常成本持续地将未来养老金的精算现值分摊到参保人工作期间的每一年。使用之前引入的符号，所有在职成员在 t 时刻的总缴费率 $NC(t)$，可以表示为

$$NC(t) = \int_a^r e^{-\delta(r-x)} \cdot {}^T P_{t+r-x} m(x) dx$$

$$= \xi \cdot \bar{s}(r) \bar{a}_r^h \int_a^r e^{-\delta(r-x)} w(r, t+r-x) n(t-x+a) m(x) dx, \ 0 \leqslant t \leqslant T$$

$$\tag{5-5}$$

定义该养老金计划在 t 时刻向退休参保人承诺的给付额，用 $PB(t)$ 表示。它可以表示为

$$PB(t) = \int_r^\omega n(t - x + a)\bar{s}(x)\xi \cdot w(r,\ t - x + r)h(x)\mathrm{d}x,\ 0 \leqslant t \leqslant T$$

$$(5\text{-}6)$$

在下面的小节中，在一个集体混合养老金模型中定义了在职成员的缴费过程以及退休参保人的收益过程，同时在计划成员之间分担风险，以应对盈余过程的金融风险。

三、混合养老金模型

在本小节中，建立了一种集体混合养老金模型，便于分析代际之间风险转移的影响。在 Khorasanee（2013）研究的养老金计划中，缴费和退休收益给付都被调整，以摊销由于精算负债和基金价值之间差异所导致的盈余或赤字。本模型受到 Khorasanee（2013）提出的养老金计划的启发，引入了一个集体模式的混合养老金计划，旨在将养老金的风险在不同代际之间进行分摊和管理。

实际上，在任何一年内，都难以达到预先为养老金计划设定的所有长期假设；这些假设包括死亡率、终端时刻的财富、退休收益、投资回报、薪酬等。如果没有达到这些假设条件，养老金计划的资产以及精算负债的收益或损失都可能发生。这些收益或损失通常可以在一段时间内摊销。用 $F(t)$ 表示 t 时刻养老金总资产的价值，$L(t)$ 表示 t 时刻的实际负债的价值，分别反映了实际调整后的资产和负债价值。进一步定义 t 时刻资产和负债之间的差额作为"盈余"，用 $SP(t)$ 表示。值得注意的是，$SP(t) = F(t) - L(t)$ 可以为正数（实际盈余）或负数（亏损），后一种情况的价值也称为未纳精算负债。

在引入混合养老金模型之前，首先考虑实际负债的动态变化过程。首先根据前面的基本假设算出养老金的应计精算负债。在 Bowers 等（1997）描述的终端融资方法下，养老金负债是根据特定规则来计算的：整个退休期间应收的退休金总额等于当前的应计权益水平。集体养老金计划的累计精算负债是所有参保人退休后应享权益的总和，即未来应计养老金给付额在当前的贴现值。更确切地说，这些负债包括当前在职参保人的未来（应计）退休收益，以及承诺给当前所有退休参保人的收益给付额。根据应计函数 $M(x)$ 的表达式（5-4），可以算出在 t 时刻的精算负债 $AL(t)$：

$$AL(t) = \int_a^r e^{-\delta(r-x)} \cdot {}^T P_{t+r-x} M(x)\mathrm{d}x + \int_r^\omega \xi \cdot w(r,\ t - y + r)n(t - y + a)\bar{s}(y) \cdot \bar{a}_y^h \mathrm{d}y$$

并将 $AL(t)$ 的动态过程写为

$$\mathrm{d}AL(t) = \delta AL(t)\,\mathrm{d}t + (NC(t) - PB(t))\,\mathrm{d}t, \ t \geqslant 0 \tag{5-7}$$

下面给出式 (5-7) 的证明过程。

证明： 首先定义退休参保人未来退休收益的精算现值为 $(rA)_t$。考虑所有退休参保人，并根据

$$^{T}P_t = \xi \cdot w(r,\ t)\,n(t - r + a)\,\bar{s}(r)\,\bar{a}_r^{\,h}$$

可以得到

$$(rA)_t = \int_r^{\omega} \xi \cdot w(r,\ t - x + r)\,n(t - x + a)\,\bar{s}(x) \cdot \bar{a}_x^{\,h}\,\mathrm{d}x \tag{5-8}$$

同样，t 时刻在职参保人的应计负债，记为 $(aA)_t$，可以表示为

$$(aA)_t = \int_a^r \mathrm{e}^{-\delta(r-x)} \cdot {}^{T}P_{t+r-x} M(x)\,\mathrm{d}x \tag{5-9}$$

因此，t 时刻的精算负债，记为 $AL(t)$，可以写成

$$AL(t) = (aA)_t + (rA)_t \tag{5-10}$$

根据式 (5-5) 和式 (5-9)，以及

$$\frac{\partial}{\partial t}({}^{T}P_{t+r-x}) = -\frac{\partial}{\partial x}({}^{T}P_{t+r-x})$$

可以得到

$$\begin{aligned}
NC(t) &= \int_a^r \mathrm{e}^{-\delta(r-x)} \cdot {}^{T}P_{t+r-x} m(x)\,\mathrm{d}x \\
&= \int_a^r \mathrm{e}^{-\delta(r-x)} \cdot {}^{T}P_{t+r-x}\,\mathrm{d}M(x) \\
&= \mathrm{e}^{-\delta(r-x)} \cdot {}^{T}P_{t+r-x} M(x) \Big|_{x=a}^{x=r} - \delta \int_a^r \mathrm{e}^{-\delta(r-x)} \cdot {}^{T}P_{t+r-x} M(x)\,\mathrm{d}x \\
&\quad + \int_a^r \mathrm{e}^{-\delta(r-x)} M(x)\,\frac{\partial}{\partial t}({}^{T}P_{t+r-x})\,\mathrm{d}x \\
&= {}^{T}P_t - \delta(aA)_t + \frac{\mathrm{d}}{\mathrm{d}t}(aA)_t
\end{aligned}$$

因此，有

$$\frac{\mathrm{d}}{\mathrm{d}t}(aA)_t = NC(t) + \delta(aA)_t - {}^{T}P_t \tag{5-11}$$

根据式 (5-6) 和式 (5-8)，以及

$$\frac{\partial}{\partial t}[n(t - x + a)w(r,\ t - x + r)] = -\frac{\partial}{\partial x}[n(t - x + a)w(r,\ t - x + r)]$$

可以得到

$$\frac{d}{dt}(rA)_t = \int_r^\omega \xi \cdot \bar{s}(x)\bar{a}_x^h \cdot \frac{\partial}{\partial t}[w(r, \ t-x+r)n(t-x+a)]dx$$

$$= \int_r^\omega \xi \cdot \left[\int_x^\omega e^{-\delta(y-x)}h(y)\bar{s}(y)dy\right] \cdot \frac{\partial}{\partial t}[w(r, \ t-x+r)n(t-x+a)]dx$$

$$= -\int_r^\omega \xi \cdot \left[\int_x^\omega e^{-\delta(y-x)}h(y)\bar{s}(y)dy\right] \cdot \frac{\partial}{\partial x}[w(r, \ t-x+r)n(t-x+a)]dx$$

$$= -\xi \cdot \left[\int_x^\omega e^{-\delta(y-x)}h(y)\bar{s}(y)dy\right] \cdot [w(r, \ t-x+r)n(t-x+a)]\Big|_{x=a}^{x=r} +$$

$$\int_r^\omega \xi \cdot \left[\delta\int_x^\omega e^{-\delta(y-x)}h(y)\bar{s}(y)dy - h(x)\bar{s}(x)\right] \cdot w(r, \ t-x+r)n(t-x+a)dx$$

$$= {}^T P_t + \delta(rA)_t - PB(t) \tag{5-12}$$

那么根据式（5-11），式（5-12）以及式（5-10），可得

$$\frac{d}{dt}AL(t) = \frac{d}{dt}(aA)_t + \frac{d}{dt}(rA)_t$$

$$= NC(t) + \delta(aA)_t + \delta(rA)_t - PB(t)$$

$$= \delta AL(t) + NC(t) - PB(t)$$

证毕。

从式（5-7）中可以看出，$AL(t)$ 在 t 时刻的瞬时变化率是依赖于利息率 δ 以及正常成本 $NC(t)$ 和承诺给付额 $PB(t)$ 的变化。

根据之前的假设，$L(t)$ 是所有在职和退休参保人在 t 时刻发生的实际负债，由投资回报和其他假设条件计算得到。类似于式（5-7），假设 $L(t)$ 为

$$\begin{cases} dL(t) = [\delta L(t) + \kappa SP(t)]dt + (NC(t) - PB(t))dt \\ L(0) = l_0 \end{cases} \tag{5-13}$$

上式描述的过程 $\{L(t); \ t \geqslant 0\}$ 可以看作是考虑了经济变量的市场波动后，养老基金未来权益的现值。由式（5-13）给出的实际负债 $L(t)$ 的动态过程也可以写为

$$dL(t) = L(t)\left[\delta + \kappa\left(\frac{F(t)}{L(t)} - 1\right)\right]dt + (NC(t) - PB(t))dt \tag{5-14}$$

其中，$F(t)/L(t)$ 是养老基金的资产负债比率或者所谓的资金比率，κ 是给定的正常数。与式（5-7）中的精算负债 $AL(t)$ 相比，$L(t)$ 在 t 时刻的瞬时变化率有一个额外的修正项 $\kappa SP(t)$，反映了投资回报的高低。假设实际负债的收益是基于（确定的）利率 δ 和修正项 $\kappa SP(t)$，其中修正项取决于 t 时刻的盈余水平或资金比率与1之间的差。后者可以解释为：当 t 时刻的盈余

水平为正数，即在 t 时刻资金水平大于负债水平，那么负债的增加率为资金比率与 1 之间差额的 κ 倍。如果资金比率低于 1，负债将以低于利率 δ 的比率增加。通过这种方式，将资产账户收益和实际负债（高于或低于预期）的变化加入未来负债中，从而将养老金计划的风险转移或分配到不同的代际中。因此，实际负债包括先前负债经过修正后的现值，加上所有在职参保人累计的养老金应计权益 $NC(t)$，减去养老金给付额 $PB(t)$，这一项可以看作是流动负债的减少。值得说明的是，在该模型中所有参保人共同负债的调整额为 $\kappa SP(t)$。

目前已有部分文献利用资金比率来代表财务状况。例如，Baumann 和 Müller（2008）假设职工应计退休收益账户的回报率为

$$r_0 + \kappa\left[\ln\left(\frac{F(t)}{L(t)}\right) - \ln(\bar{R}_f)\right]$$

本书利用了资金比率的对数形式，并且设定了资金比率的临界值 $\bar{R}_f$。在这种情况下，资产收益率的高低都将分摊到未来的各时期内，代际之间的风险转移得以实现。因此，式（5-14）所描述的负债动态过程与 Baumann 和 Müller（2008）描述的结构类似，并且本章中资金比率的临界值为 1。这种资金比率结构和利率贷记模型可参见 Siu（2005）和 Goecke 等（2013）。

除了根据基金盈余水平调整计划成员未来退休的应计负债（见式（5-13）），在本章的集体混合养老金模型中，同时动态地调整当前在职参保人缴纳的保费和给付给退休参保人的退休收益。也可以认为是金融风险给养老金盈余水平（或资金比率）带来的隐性影响。

为了实现上述目标，定义两个控制变量 $\lambda_1(t)$ 和 $\lambda_2(t)$ 作为调整策略，以调整养老金的缴费和退休收益给付额。该调整可以是正的或负的，具体取决于 t 时刻的盈余水平。准确地说，将 t 时刻退休参保人的收益给付额定义为：承诺的收益总额 $PB(t)$ 加上收益的调整额 $\lambda_1(t)$，即

$$B(t) = PB(t) + \lambda_1(t) \tag{5-15}$$

并将所有在职参保人在 t 时刻的总缴费率定义为正常成本 $NC(t)$ 减去调整额 $\lambda_2(t)$，即

$$C(t) = NC(t) - \lambda_2(t) \tag{5-16}$$

其中，$PB(t)$ 和 $NC(t)$ 分别由式（5-6）和式（5-5）给出。

调整后的过程 $\{B(t); t \geqslant 0\}$ 和 $\{C(t); t \geqslant 0\}$ 描述了养老金管理者在 t 时刻对缴费和退休收益给付的决策。当 t 时刻的资产价值增加时，即在 t 时刻资金盈余 $SP(t)$ 为正，表明投资回报较好，反之则相反。当资金由于投

资损失而出现赤字时，调整策略 $\lambda_1(t)$ 和 $\lambda_2(t)$ 为负。我们期望有积极的调整策略 $\lambda_1(t)$ 和 $\lambda_2(t)$，使得在 t 时刻"承诺的"收益给付将会增加，而所需的"正常"支出将会减少。两个决策变量的作用是隐性地"分摊"盈余的资产，即收益的高低在在职参保人和退休参保人之间进行分摊，这意味着代际之间的利益共享或风险转移。

该混合养老金模型在 Khorasanee（2012）的研究中有类似的数学结构，在他们的模型中，$\lambda_1(t) = k_B [F(t) - AL]$，$\lambda_2(t) = k_C [F(t) - AL]$。其中 k_B 和 k_C 分别是缴费率和收益率的分摊比例，AL 被设为基金的静态值，此外，NC 和 PB 被设为 $C(t)$ 和 $B(t)$ 的静态值，PB 被定义为目标收益。

假设在时间 t 投资于第 i 种风险资产的金额为 $\pi_i(t)$，$i = 1, 2, \cdots, n$，投资于无风险资产的金额为 $F(t) - \sum_{i=1}^{n} \pi_i(t)$。资产 $F(t)$ 的动态过程可以用下式描述：

$$\begin{cases} \mathrm{d}F(t) = \sum_{i=1}^{n} \pi_i(t) \dfrac{\mathrm{d}S_i(t)}{S_i(t)} + \left[F(t) - \sum_{i=1}^{n} \pi_i(t) \right] \dfrac{\mathrm{d}S_0(t)}{S_0(t)} + [C(t) - B(t)] \, \mathrm{d}t \\ F(0) = f_0 \end{cases}$$

$$(5-17)$$

根据式（5-1）和式（5-2），可以将式（5-17）写为

$$\begin{cases} \mathrm{d}F(t) = [r_0 F(t) + \boldsymbol{\pi}'(t)\boldsymbol{\mu}] \, \mathrm{d}t + [C(t) - B(t)] \, \mathrm{d}t + \boldsymbol{\pi}'(t)\boldsymbol{\sigma} \, \mathrm{d}\boldsymbol{W}(t) \\ F(0) = f_0 \end{cases}$$

$$(5-18)$$

其中，$\boldsymbol{\pi}(t) = (\pi_1(t), \pi_2(t), \cdots, \pi_n(t))'$，$\boldsymbol{\mu} = (\mu_1, \mu_2, \cdots, \mu_n)'$，$\boldsymbol{\sigma} = (\sigma_{ij})_{n \times m}$。

由 $SP(t) = F(t) - L(t)$，根据式（5-14）至式（5-18），盈余过程可以表示为

$$\begin{cases} \mathrm{d}SP(t) = [(r_0 - k)SP(t) - (\delta - r_0)L(t) - \lambda_1(t) - \lambda_2(t) \\ \qquad + \boldsymbol{\pi}'(t)\boldsymbol{\mu}] \, \mathrm{d}t + \boldsymbol{\pi}'(t)\boldsymbol{\sigma} \, \mathrm{d}\boldsymbol{W}(t) \\ SP(0) = f_0 - l_0 \end{cases}$$

$$(5-19)$$

考虑有限的时间范围 $[0, T]$，其中 T 是所谓的终端时刻。在这段时间内养老金政策由计划管理者决定，目的是公平对待养老金计划中的所有年龄群体，保障参保人的权益。值得注意的是，由于本章假设工资和参保人的生存概率是确定函数，因此模型中所有的不确定性均来自金融市场中的风险资产。本章所考虑的集体混合型养老金计划中，式（5-19）描述的盈

余水平会影响实际负债过程，即所有参保人的累计（修正）应计负债，也会影响到在职参保人的总缴费率以及所有退休参保人的收益给付额。由于该养老金计划是一个涉及不同代际的集体计划，养老金管理者的目标是满足所有参与者的利益最大化的同时，养老金计划能够稳定持续地运行，并且投资风险在代际之间分摊。

为了实现这一目标，在本章的混合养老金模型中，考虑到资产价值和当时的实际负债水平，养老金管理者可以在一段时间 $[t, T]$ 内动态地决定投资于 m 种风险资产的金额，并在此期间对缴费和退休收益给付额进行调整，使得预期损失和 T 时刻的不连续风险在 t（$0 \leq t \leq T$）时刻的现值最小化。在本章中，令 $\mathscr{L}_\psi$ 表示 ψ 的损失函数。后文研究了两种特殊损失函数（二次型和指数型）下的最优控制问题，在下一节中详细讨论。

从数学角度，连续时间下最优资产配置以及缴费—收益调整问题描述如下。假设所有可行策略的集合为 $\Pi = \{(\pi(t), \lambda_1(t), \lambda_2(t)): 0 \leq t \leq T\}$。令 $J(t, l, f)$ 为 t 时刻的目标函数，l 和 f 分别为 t 时刻的应计负债和基金价值，那么目标函数可以表示为以下过程：

$$\varphi(t, l, f) = E\left[\int_t^T [\mathscr{L}_{\lambda_1}(u) + \mathscr{L}_{\lambda_2}(u)]e^{-\beta u}du + \mathscr{L}_{SP}(T)e^{-\beta T} \mid L(t) = l, F(t) = f\right], \quad t \geq 0,$$

边界条件为 $J(T, l, f) = \mathscr{L}_{SP}(T)e^{-\beta T}$，其中 $SP(t) = F(t) - L(t)$ 是 t 时刻的盈余水平，$0 \leq t \leq T$，$l, f > 0$。三个损失函数 $\mathscr{L}_{\lambda_1}(t)$，$\mathscr{L}_{\lambda_2}(t)$ 和 $\mathscr{L}_{SP}(t)$，分别度量了退休收益的风险，缴费的风险和终端时刻资金的不连续性风险。

价值函数定义如下：

$$J(t, l, f) := \min_{(\pi(t), \lambda_1(t), \lambda_2(t)) \in \Pi} \varphi(t, l, f) \tag{5-20}$$

其中，Π 是所有可行策略的集合，表示为 $\Pi = \{(\pi(t), \lambda_1(t), \lambda_2(t)): 0 \leq t \leq T\}$。

养老金计划管理者的目标是找到最优的投资组合策略以及缴费和退休收益调整策略，以最小化基于模型假设的损失函数的贴现值，如式（5-20）所示。

第二节　最优策略的求解

在本节中，利用标准的随机控制方法和变量替换法，推导出了在两种不同损失函数下的最优投资策略和缴费—收益的最优调整策略。

一、二次损失函数下的最优策略

在养老金的研究中，已经有一些文献考虑二次损失函数，例如，Boulier 等（1995，1997），Cairns（2000）和 Gerrard 等（2004）。在这些文献中，二次损失函数包含了对目标值或期望水平上下偏差的惩罚。为了避免惩罚高于目标值的策略，在本小节中，度量缴费风险和收益风险的损失函数由二次项和线性项构成，分别为

$$\mathscr{L}_{\lambda_1}(t;\ \gamma_1,\ \gamma_2) = \gamma_1[\lambda_1(u)]^2 - \gamma_2\lambda_1(u),\quad \mathscr{L}_{\lambda_2}(t;\ \gamma_3,\ \gamma_4) = \gamma_3[\lambda_2(u)]^2 - \gamma_4\lambda_2(u)$$

$u \in [t,\ T]$，其中 γ_i，$i = 1,\ 2,\ 3,\ 4$ 为权重参数，代表相应的风险厌恶水平，且均为正数。

在式（5-15）和式（5-16）中，$\lambda_1(u)$ 描述了实际的退休收益给付和承诺的收益给付之间的差额，$\lambda_2(u)$ 表示在职参保人的正常成本和实际缴费之间的差额。资金运作的最佳方式是正负两个方向的调整均不偏离过多，并且如果出现负向偏差，偏离值不会过高；因为前者可能会导致收益给付或缴费率的不稳定，而后者则会导致收益给付不足或缴费率过高的风险。与此同时，基金在任何终端时刻都应保持在合理的水平，以支付养老金计划所承担的未来负债。较大的盈余或赤字都会增加养老金计划的不连续性风险和代际之间的风险分担，从而不利于计划的持续运作。这一不连续性风险是通过终端财富与实际负债之差（即终端盈余水平）来衡量。因此选择其相应的损失函数 $\mathscr{L}_{SP}(t;\ \gamma_5,\ \gamma_6) = \gamma_5[SP(t)]^2 - \gamma_6 SP(t)$，其中 $\gamma_5,\ \gamma_6 > 0$。

在这种情况下，式（5-20）中的函数 $J(t,\ l,\ f)$ 可以写为

$$J(t,\ l,\ f) = \min_{(\pi(t),\ \lambda_1(t),\ \lambda_2(t)) \in \Pi} \mathrm{E}\Big[\int_t^T (\gamma_1[\lambda_1(u)]^2 - \gamma_2\lambda_1(u) + \gamma_3[\lambda_2(u)]^2 -$$

$$\gamma_4\lambda_2(u))\mathrm{e}^{-\beta u}\mathrm{d}u + (\gamma_5[SP(T)]^2 - \gamma_6 SP(T))\mathrm{e}^{-\beta T} \mid L(t) = l,\ F(t) = f\Big]$$

$$(5-21)$$

边界条件 $J(T,\ l,\ f) = [\gamma_5(f-l)^2 - \gamma_6(f-l)]\mathrm{e}^{-\beta T}$，$0 \le t \le T$，$l,\ f > 0$。

可以看到，价值函数（5-21）中的最小化是基于可行策略集 Π，并且是针对收益率和缴费率的风险以及在终端时刻的不连续性风险，考虑了收益和缴费调整策略的平方和线性条件。参数 γ_1 和 γ_3 是权重因子，分别反映了实际收益偏离承诺收益以及实际缴费偏离正常成本的重要程度。此外，γ_2 是赋予 $B(t)$ 和 $PB(t)$ 之间负偏差的惩罚权重，而 γ_4 是赋予 $C(t)$ 和 $NC(t)$

之间正偏差的惩罚权重。非负常数 γ_5 也称为惩罚权重，它反映了计划管理者在终端时刻偿付能力的重要性，γ_6 是对终端时刻资金不足的惩罚权重。

下面用标准的随机控制方法给出优化问题的一般框架，然后利用 HJB 方程和变分法推导出在可行策略集中的最优投资策略和缴费—收益调整策略的显式表达式。为简单起见，定义 $\Pi^* = \{(\boldsymbol{\pi}^*(t),\ \lambda_1^*(t),\ \lambda_2^*(t)):$ $0 \leq t \leq T\}$，$\sum = \boldsymbol{\sigma\sigma}'$。

定理 5.1　对最优控制问题（5-21），最优投资策略以及缴费—收益调整策略如下：

$$\boldsymbol{\pi}^*(t) = -\sum{}^{-1}\boldsymbol{\mu}\frac{2f + Q(t) + R(t)l}{2} \tag{5-22}$$

$$\lambda_1^*(t) = \frac{\gamma_5 P(t)(2f + Q(t) + R(t)l) + \gamma_2}{2\gamma_1} \tag{5-23}$$

$$\lambda_2^*(t) = \frac{\gamma_5 P(t)(2f + Q(t) + R(t)l) + \gamma_4}{2\gamma_3} \tag{5-24}$$

相应的价值函数为

$$J(t,\ l,\ f) = \gamma_5 \mathrm{e}^{-\beta t}P(t)\left[\left(f + \frac{R(t)}{2}l + \frac{Q(t)}{2}\right)^2 - \frac{Q^2(t)}{4}\right] + K(t) \tag{5-25}$$

其中

$$P(t) = \frac{\mathrm{e}^{\int_t^T g_1(s)\,\mathrm{d}s}}{1 + \left(\dfrac{\gamma_5}{\gamma_1} + \dfrac{\gamma_5}{\gamma_2}\right)\int_t^T \mathrm{e}^{\int_u^T g_1(s)\,\mathrm{d}s}\,\mathrm{d}u} \tag{5-26}$$

$$Q(t) = \mathrm{e}^{-\int_t^T\left(r_0 + \frac{\kappa R(s)}{2}\right)\,\mathrm{d}s}\left[\int_t^T \mathrm{e}^{\int_u^T\left(r_0 + \frac{\kappa R(s)}{2}\right)\,\mathrm{d}s}g_2(u)\,\mathrm{d}u - \frac{\gamma_6}{\gamma_5}\right] \tag{5-27}$$

$$R(t) = \begin{cases} \dfrac{2}{(\delta - r_0)(T - t) - 1}, & r_0 + \kappa = \delta \\[3mm] \dfrac{2(r_0 + \kappa - \delta)}{(\delta - r_0)\mathrm{e}^{(r_0 + \kappa - \delta)(T - t)} - \kappa}, & r_0 + \kappa \neq \delta \end{cases} \tag{5-28}$$

$$\begin{aligned} K(t) = \int_t^T \mathrm{e}^{-\beta s}&\left\{\frac{\gamma_5}{2}P(s)Q(s)\left[g_2(s) - \left(\left(\frac{\gamma_5}{\gamma_1} + \frac{\gamma_5}{\gamma_3}\right)P(s) + \boldsymbol{\mu}'\sum{}^{-1}\boldsymbol{\mu}\right)\frac{Q(s)}{2}\right]\right.\\ &\left. - \frac{1}{4}\left(\frac{\gamma_2^2}{\gamma_1} + \frac{\gamma_4^2}{\gamma_3}\right)\right\}\,\mathrm{d}s \end{aligned} \tag{5-29}$$

方程 $g_1(t)$ 和 $g_2(t)$ 分别为

$$g_1(t) = 2r_0 - \beta - \boldsymbol{\mu}' \sum{}^{-1} \boldsymbol{\mu} + \kappa R(t) \qquad (5\text{-}30)$$

$$g_2(t) = (2 + R(t))(NC(t) - PB(t)) - \left(\frac{\gamma_2}{\gamma_1} + \frac{\gamma_4}{\gamma_3}\right) \qquad (5\text{-}31)$$

证明：设 $J(t, l, f) \in C([0, T] \times \mathbb{R}^+ \times \mathbb{R}^+)$，作用于任意 $J(t, l, f)$ 的变分算子定义为

$$\mathcal{A}^{\pi, \lambda_1, \lambda_2} J(t, l, f) = J_t + [(r_0 f + \boldsymbol{\pi}'(t)\boldsymbol{\mu} + (NC(t) - \lambda_2(t))$$
$$- (PB(t) + \lambda_1(t))]J_f + [\delta l + \kappa(f - l) + NC(t) - PB(t)]J_l$$
$$+ \frac{1}{2}\boldsymbol{\pi}'(t)\sum \boldsymbol{\pi}(t)J_{ff} + [\gamma_1\lambda_1(t)^2 - \gamma_2\lambda_1(t) + \gamma_3\lambda_2(t)^2 - \gamma_4\lambda_2(t)]e^{-\beta t}$$

$$(5\text{-}32)$$

其中，J_t，J_l，J_f 和 J_{ff} 分别表示关于变量 t，l 和 f 的一阶和二阶偏导数。

根据随机动态规划原理，与该优化问题相关的 HJB 方程由下式给出：

$$\begin{cases} \min\limits_{(\boldsymbol{\pi}, \lambda_1, \lambda_2) \in \Pi} \{\mathcal{A}^{\pi, \lambda_1, \lambda_2} J(t, l, f)\} = 0 \\ J(T, l, f) = [\gamma_5(f - l)^2 - \gamma_6(f - l)]e^{-\beta T} \end{cases} \qquad (5\text{-}33)$$

对上述 HJB 方程分别关于 $\boldsymbol{\pi}(t)$，$\lambda_1(t)$ 和 $\lambda_2(t)$ 进行求导，并令导数为零，可以得到

$$\boldsymbol{\pi}(t) = -\sum{}^{-1} \boldsymbol{\mu} \frac{J_f}{J_{ff}} \qquad (5\text{-}34)$$

$$\lambda_1(t) = \frac{e^{\beta t} J_f + \gamma_2}{2\gamma_1} \qquad (5\text{-}35)$$

$$\lambda_2(t) = \frac{e^{\beta t} J_f + \gamma_4}{2\gamma_3} \qquad (5\text{-}36)$$

显然，上述策略使得目标函数取极小值的一个充分条件是

$$J_{ff} > 0 \qquad (5\text{-}37)$$

根据方程（5-33）中的终端条件，推断价值函数具有以下形式：

$$J(t, l, f) = \gamma_5 e^{-\beta t} P(t)[f^2 + Q(t)f + R(t)fl + U(t)l^2 + V(t)l] + K(t) \qquad (5\text{-}38)$$

其中，$P(t)$，$Q(t)$，$R(t)$，$U(t)$，$V(t)$ 和 $K(t)$ 为待定函数，满足边界条件：

$$P(T) = 1, \quad Q(T) = -\frac{\gamma_6}{\gamma_5}, \quad R(T) = -2,$$

$$U(T) = 1, \quad V(T) = \frac{\gamma_6}{\gamma_5}, \quad K(T) = 0 \tag{5-39}$$

可以得到式（5-38）中 $J(t, l, f)$ 的偏导数，用于后面的推导：

$$J_t = \gamma_5 e^{-\beta t} P(t) \left[\left(\frac{P_t}{P(t)} - \beta \right) (f^2 + Q(t)f + R(t)fl + U(t)l^2 + V(t)l) \right.$$
$$\left. + Q_t f + R_t fl + U_t l^2 + V_t l \right] + K_t,$$

$$J_f = \gamma_5 e^{-\beta t} P(t) [2f + Q(t) + R(t)l], \quad J_{ff} = 2\gamma_5 e^{-\beta t} P(t),$$

$$J_l = \gamma_5 e^{-\beta t} P(t) [2U(t)l + V(t) + R(t)f]$$

将这些导数代入式（5-34）至式（5-36），最优策略（控制变量）可以表示为式（5-22）至式（5-24）的形式。进一步地，将上述偏导数和式（5-34）至式（5-36）代入 HJB 方程（5-33）并使用式（5-30）至式（5-31）定义的函数 $g_1(t)$ 和 $g_2(t)$，可以得到用 f^2, f, l^2, l, fl 和 1 分离变量后的表达式：

$$\left\{ P_t + \left[g_1(t) - \left(\frac{\gamma_5}{\gamma_1} + \frac{\gamma_5}{\gamma_3} \right) P(t) \right] P(t) \right\} f^2$$

$$+ \left\{ Q_t + \left[\frac{P_t}{P(t)} - \beta + r_0 - \boldsymbol{\mu}' \sum{}^{-1} \boldsymbol{\mu} - \left(\frac{\gamma_5}{\gamma_1} + \frac{\gamma_5}{\gamma_3} \right) P(t) \right] Q(t) + g_2(t) + \kappa V(t) \right\} f$$

$$+ \left\{ U_t + \left[\frac{P_t}{P(t)} - \beta + 2(\delta - \kappa) \right] U(t) - \left[\left(\frac{\gamma_5}{\gamma_1} + \frac{\gamma_5}{\gamma_3} \right) P(t) + \boldsymbol{\mu}' \sum{}^{-1} \boldsymbol{\mu} \right] \frac{R^2(t)}{4} \right\} l^2$$

$$+ \left\{ V_t + \left[\frac{P_t}{P(t)} - \beta + \delta - \kappa \right] V(t) + (NC(t) - PB(t))(2U(t) + R(t)) \right.$$

$$\left. - \left[\left(\frac{\gamma_5}{\gamma_1} + \frac{\gamma_5}{\gamma_3} \right) P(t) + \boldsymbol{\mu}' \sum{}^{-1} \boldsymbol{\mu} \right] \frac{Q(t)R(t)}{2} - \left(\frac{\gamma_2}{\gamma_1} + \frac{\gamma_4}{\gamma_3} \right) \frac{R(t)}{2} \right\} l$$

$$+ \left\{ R_t + \left[\frac{P_t}{P(t)} - \beta + r_0 + \delta - \kappa - \boldsymbol{\mu}' \sum{}^{-1} \boldsymbol{\mu} - \left(\frac{\gamma_5}{\gamma_1} + \frac{\gamma_5}{\gamma_3} \right) P(t) \right] R(t) + 2\kappa U(t) \right\} fl$$

$$+ \left\{ K_t + \gamma_5 e^{-\beta t} P(t) \left\{ (NC(t) - PB(t))(Q(t) + V(t)) - \left(\frac{\gamma_2}{\gamma_1} + \frac{\gamma_4}{\gamma_3} \right) \frac{Q(t)}{2} \right. \right.$$

$$\left. \left. - \left[\left(\frac{\gamma_5}{\gamma_1} + \frac{\gamma_5}{\gamma_3} \right) P(t) + \boldsymbol{\mu}' \sum{}^{-1} \boldsymbol{\mu} \right] \frac{Q^2(t)}{4} \right\} - \left(\frac{\gamma_2^2}{\gamma_1} + \frac{\gamma_4^2}{\gamma_3} \right) \frac{e^{-\beta t}}{4} \right\} \cdot 1 = 0 \tag{5-40}$$

将式（5-40）中 f^2, f, l^2, l, fl 和 1 的系数设为 0，整理后可得下面的微分方程组：

$$P_t + \left[g_1(t) - \left(\frac{\gamma_5}{\gamma_1} + \frac{\gamma_5}{\gamma_3} \right) P(t) \right] P(t) = 0 \tag{5-41}$$

$$Q_t - [r_0 + \kappa R(t)] Q(t) + g_2(t) + \kappa V(t) = 0 \tag{5-42}$$

$$U_t + \left[\frac{P_t}{P(t)} - \beta + 2(\delta - \kappa) \right] U(t) - \left[\left(\frac{\gamma_5}{\gamma_1} + \frac{\gamma_5}{\gamma_3} \right) P(t) + \boldsymbol{\mu}' \sum{}^{-1} \boldsymbol{\mu} \right] \frac{R^2(t)}{4} = 0 \tag{5-43}$$

$$V_t + \left[\frac{P_t}{P(t)} - \beta + \delta - \kappa \right] V(t) + (NC(t) - PB(t))(2U(t) + R(t))$$

$$- \left[\left(\frac{\gamma_5}{\gamma_1} + \frac{\gamma_5}{\gamma_3} \right) P(t) + \boldsymbol{\mu}' \sum{}^{-1} \boldsymbol{\mu} \right] \frac{Q(t)R(t)}{2} - \left(\frac{\gamma_2}{\gamma_1} + \frac{\gamma_4}{\gamma_3} \right) \frac{R(t)}{2} = 0 \tag{5-44}$$

$$R_t + [\delta - \kappa - r_0 - \kappa R(t)] R(t) + 2\kappa U(t) = 0 \tag{5-45}$$

$$K_t + \gamma_5 e^{-\beta t} P(t) \left\{ (NC(t) - PB(t))(Q(t) + V(t)) - \left(\frac{\gamma_2}{\gamma_1} + \frac{\gamma_4}{\gamma_3} \right) \frac{Q(t)}{2} \right.$$

$$\left. - \left[\left(\frac{\gamma_5}{\gamma_1} + \frac{\gamma_5}{\gamma_3} \right) P(t) + \boldsymbol{\mu}' \sum{}^{-1} \boldsymbol{\mu} \right] \frac{Q^2(t)}{4} \right\} - \left(\frac{\gamma_2^2}{\gamma_1} + \frac{\gamma_4^2}{\gamma_3} \right) \frac{e^{-\beta t}}{4} = 0 \tag{5-46}$$

边界条件由式（5-39）给出。

根据方程（5-41）至方程（5-45）的表达式，易验证 $U(t) = R^2(t)/4$，$V(t) = Q(t)R(t)/2$。有了这些函数关系，就可以得到值函数（5-25）。只需求解方程（5-41），方程（5-42），方程（5-45）和方程（5-46）从而得到 $P(t)$，$Q(t)$，$R(t)$ 和 $K(t)$ 的显式解。按照以下步骤来推导。

（1）根据 $U(t) = R^2(t)/4$，式（5-45）可以写成

$$R_t + (\delta - \kappa - r_0) R(t) - \frac{\kappa}{2} R^2(t) = 0$$

满足边界条件 $R(T) = -2$。这是一个标准的 Bernoulli 方程（Riccati 方程的一个特例），很容易解得式（5-28）。具体形式取决于 $\delta = r_0 + \kappa$ 或 $\delta \neq r_0 + \kappa$。

（2）由于 $g_1(t)$ 是 $R(t)$ 的函数，所以得到 $R(t)$ 的解后，式（5-41）中的 $P(t)$ 是一个标准的 Bernoulli 方程；满足边界条件 $P(T) = 1$，可以解得式（5-26）。

（3）根据 $V(t) = Q(t)R(t)/2$，$Q(t)$ 满足的方程（5-42）可以写为

$$Q_t - \left[r_0 + \frac{\kappa}{2} R(t) \right] Q(t) + g_2(t) = 0$$

满足边界条件 $Q(T) = -\gamma_6/\gamma_5$。这是一个一阶线性微分方程，其解由式 (5-27) 给出。

（4）根据 $V(t) = Q(t)R(t)/2$ 和 $g_2(t)$，$K(t)$ 所满足的方程 (5-46) 可以写为

$$K_t + \frac{\gamma_5}{2}e^{-\beta t}P(t)Q(t)\left[g_2(t) - \left(\left(\frac{\gamma_5}{\gamma_1} + \frac{\gamma_5}{\gamma_3}\right)P(t) + \boldsymbol{\mu}'\sum{}^{-1}\boldsymbol{\mu}\right)\frac{Q(t)}{2}\right]$$

$$-\left(\frac{\gamma_2^2}{\gamma_1} + \frac{\gamma_4^2}{\gamma_3}\right)\frac{e^{-\beta t}}{4} = 0$$

边界值 $K(T) = 0$。由已知的 $P(t)$，$Q(t)$ 和 $R(t)$ 的表达式，易得 $K(t)$ 的解为式 (5-29)。

最后，证明充分条件 (5-37)，即

$$J_{ff} = 2\gamma_5 e^{-\beta t}P(t) > 0$$

其中，$P(t)$ 由式 (5-26) 给出。由 $\gamma_5 > 0$ 和 $P(t) > 0$，显然上述条件得以满足。证毕。

二、指数损失函数下的最优策略

在本小节中考虑一种指数损失函数 (Cairns, 2000)。假设 $\mathscr{L}_{\lambda_1}$，$\mathscr{L}_{\lambda_2}$ 和 $\mathscr{L}_{SP}$ 具有以下形式：

$$\mathscr{L}_{\lambda_1}(t; \varrho_1, q_1) = \varrho_1 e^{-q_1\lambda_1(t)}, \quad \mathscr{L}_{\lambda_2}(t; \varrho_2, q_2) = \varrho_2 e^{-q_2\lambda_2(t)},$$
$$\mathscr{L}_{SP}(t; \varrho_3, q_3) = \varrho_3 e^{-q_3SP(t)} \tag{5-47}$$

其中，$\varrho_i > 0$ 且 $q_i > 0$，$i = 1, 2, 3$。前一个参数表示相应损失函数的相对权重，而后一个参数决定指数损失函数对正负偏差的"内部"权重。一般来说，指数损失函数对负偏差的权重比正偏差更大，这正是本章模型所期望的特征。

根据式 (5-47)，由式 (5-20) 给出的目标函数 $J(t, l, f)$ 可以写成

$$J(t, l, f) = \min_{(\pi(t), \lambda_1(t), \lambda_2(t))\in\Pi}\mathrm{E}\left[\int_t^T(\varrho_1 e^{-q_1\lambda_1(u)} + \varrho_2 e^{-q_2\lambda_2(u)})e^{-\beta u}\mathrm{d}u\right.$$
$$\left. + \varrho_3 e^{-q_3SP(T)-\beta T} \mid L(t) = l, F(t) = f\right] \tag{5-48}$$

满足边界条件 $J(T, l, f) = \varrho_3 e^{-q_3(f-l)-\beta T}$，$0 \leqslant t \leqslant T$，$l, f > 0$。类似定理 5.1，在可行策略集内推导出最优投资策略的显式表达式以及对于缴费和收益给付的最优调整政策，由下面的定理给出。

定理5.2 对于最优控制问题（5-48），最优资产配置策略以及缴费—收益调整策略分别为

$$\pi^*(t) = -\frac{\sum^{-1}\mu}{c(t)} \tag{5-49}$$

$$\lambda_1^*(t) = -\frac{1}{q_1}\left[\ln\left(-\frac{Q_3 c(t)}{Q_1 q_1}\right) + [f + lb(t)]c(t) + z(t)\right] \tag{5-50}$$

$$\lambda_2^*(t) = -\frac{1}{q_2}\left[\ln\left(-\frac{Q_3 c(t)}{Q_2 q_2}\right) + [f + lb(t)]c(t) + z(t)\right] \tag{5-51}$$

相应的价值函数为

$$J(t,\ l,\ f) = Q_3 e^{[f+lb(t)]c(t)+z(t)-\beta t}$$

其中

$$b(t) = \begin{cases} \dfrac{1}{\kappa(T-t)-1}, & r_0 + \kappa = \delta \\[2mm] \dfrac{r_0+\kappa-\delta}{(\delta-r_0)e^{(r_0+\kappa-\delta)(T-t)}-\kappa}, & r_0+\kappa \neq \delta \end{cases} \tag{5-52}$$

$$c(t) = \begin{cases} \dfrac{[\kappa(T-t)-1]e^{r_0(T-t)}}{\dfrac{1}{r_0}\left(\dfrac{1}{q_1}+\dfrac{1}{q_2}\right)\left[\dfrac{\delta}{r_0}(e^{r_0(T-t)}-1)-\kappa(T-t)e^{r_0(T-t)}\right]+q_3}, & r_0+\kappa=\delta \\[6mm] \dfrac{\kappa e^{(\delta-\kappa)(T-t)}-(\delta-r_0)e^{r_0(T-t)}}{\left(\dfrac{1}{q_1}+\dfrac{1}{q_2}\right)\left[\dfrac{\delta-r_0}{r_0}(e^{r_0(T-t)}-1)+\dfrac{\kappa}{\kappa-\delta}(e^{(\delta-k)(T-t)}-1)\right]+q_3(\delta-r_0-\kappa)}, & r_0+\kappa\neq\delta \end{cases}$$

$$\tag{5-53}$$

$$z(t) = e^{\int_t^T\left(\frac{1}{q_1}+\frac{1}{q_2}\right)c(s)\,\mathrm{d}s}\left[\int_t^T e^{-\int_u^T\left(\frac{1}{q_1}+\frac{1}{q_2}\right)c(s)\,\mathrm{d}s}g_3(u)\,\mathrm{d}u\right] \tag{5-54}$$

且

$$g_3(t) = [NC(t)-PB(t)](1+b(t))c(t) - \beta - \frac{1}{2}\mu'\sum^{-1}\mu$$

$$+\frac{c(t)}{q_1}\left[\ln\left(\frac{-Q_3 c(t)}{Q_1 q_1}\right)-1\right] + \frac{c(t)}{q_2}\left[\ln\left(\frac{-Q_3 c(t)}{Q_2 q_2}\right)-1\right] \tag{5-55}$$

证明： 类似方程（5-32），HJB方程有如下形式：

$$\mathscr{A}^{\pi,\lambda_1,\lambda_2}J(t,\ l,\ f) = J_t + \left[(r_0 f + \pi'(t)\mu + (NC(t)-\lambda_2(t)) - (PB(t)+\lambda_1(t))\right]J_f + [\delta l + \kappa(f-l)+NC(t)-PB(t)]J_l$$

$$+\frac{1}{2}\pi'(t)\sum\pi(t)J_{ff} + (Q_1 e^{-q_1\lambda_1(t)}+Q_2 e^{-q_2\lambda_2(t)})e^{-\beta t} \tag{5-56}$$

及边界条件

$$J(T, l, f) = \varrho_3 e^{-q_3(f-l)-\beta T} \tag{5-57}$$

将式 (5-56) 对 $\boldsymbol{\pi}$，λ_1 和 λ_2 求导，并分别令导数为 0，可以得到最优反馈方程：

$$\boldsymbol{\pi}(t) = -\sum\nolimits^{-1} \boldsymbol{\mu} \frac{J_f}{J_{ff}} \tag{5-58}$$

$$\lambda_1(t) = -\frac{1}{q_1} \ln\left(-\frac{J_f e^{\beta t}}{\varrho_1 q_1}\right) \tag{5-59}$$

$$\lambda_2(t) = -\frac{1}{q_2} \ln\left(-\frac{J_f e^{\beta t}}{\varrho_2 q_2}\right) \tag{5-60}$$

根据式 (5-57) 中的终端条件，假设值函数有如下形式：

$$J(t, l, f) = \varrho_3 e^{[f+lb(t)]c(t)+z(t)-\beta t} \tag{5-61}$$

其中，$b(t)$，$c(t)$ 和 $z(t)$ 为待定函数，满足边界条件 $b(T) = -1$，$c(T) = -q_3$ 和 $z(T) = 0$。通过计算可知式 (5-61) 中 J 的偏导数如下：

$$J_t = [(f + lb(t))c_t + lb_t c(t) + z_t - \beta]J,$$

$$J_f = c(t)J, \quad J_{ff} = [c(t)]^2 J, \quad J_l = b(t)c(t)J$$

将这些偏导数代入式 (5-61) 至式 (5-63) 中，最优策略可以写为式 (5-49) 至式 (5-51) 的形式。然后，将导数和式 (5-58) 至式 (5-60) 代入 HJB 方程 (5-56)，得

$$\left[c_t + (r_0 + \kappa b(t))c(t) + \left(\frac{1}{q_1} + \frac{1}{q_2}\right)[c(t)]^2\right]f$$

$$+ \left\{b_t c(t) + b(t)\left[c_t + (\delta - \kappa)c(t) + \left(\frac{1}{q_1} + \frac{1}{q_2}\right)[c(t)]^2\right]\right\}l$$

$$+ \left\{z_t + \left(\frac{1}{q_1} + \frac{1}{q_2}\right)c(t)z(t) + [NC(t) - PB(t)](b(t) + 1)c(t) - \beta - \frac{1}{2}\boldsymbol{\mu}'\sum\nolimits^{-1}\boldsymbol{\mu}\right.$$

$$+ \left[\ln\left(\frac{-\varrho_3 c(t)}{\varrho_1 q_1}\right) - 1\right]\frac{c(t)}{q_1} + \left[\ln\left(\frac{-\varrho_3 c(t)}{\varrho_2 q_2}\right) - 1\right]\frac{c(t)}{q_2}\right\} \cdot 1 = 0 \tag{5-62}$$

将式 (5-62) 中 f，l 和 1 的系数设为 0，可以得到 $c(t)$，$b(t)$ 和 $z(t)$ 满足的微分方程：

$$c_t + (r_0 + \kappa b(t))c(t) + \left(\frac{1}{q_1} + \frac{1}{q_2}\right)[c(t)]^2 = 0 \tag{5-63}$$

$$b_t c(t) + b(t)\left[c_t + (\delta - \kappa)c(t) + \left(\frac{1}{q_1} + \frac{1}{q_2}\right)[c(t)]^2\right] = 0 \tag{5-64}$$

$$z_t + \left(\frac{1}{q_1} + \frac{1}{q_2}\right) c(t) z(t) + g_3(t) = 0 \qquad (5\text{-}65)$$

其中，$g_3(t)$ 由式（5-55）给出。

事实上，根据式（5-63），方程（5-64）可以写为

$$b_t + (\delta - r_0 - \kappa) b(t) - \kappa [b(t)]^2 = 0$$

通过计算易得 $b(t)$ 的解为式（5-52）。求解方程（5-63）得

$$c(t) = -\frac{e^{\int_t^T [r_0 + \kappa b(s)] \mathrm{d}s}}{\left(\frac{1}{q_1} + \frac{1}{q_2}\right) \int_t^T e^{\int_u^T [r_0 + \kappa b(s)] \mathrm{d}s} \mathrm{d}u + q_3}$$

根据 $b(t)$ 的表达式，可以得到 $c(t)$ 的表达式为式（5-53）。

注意 $g_3(t)$ 也是 $b(t)$ 和 $c(t)$ 的函数，通过求解方程（5-65）可以得到 $z(t)$ 的显式解为式（5-54）。

第三节 数值分析

在前面的小节中，得到了两种损失函数下混合养老金模型的最优投资策略以及缴费—收益调整策略的显式表达式。为了直观地分析最优策略的结果，本节用蒙特卡洛法来模拟最优策略的变化过程。除此之外，本节还研究了最优控制策略关于某些参数值变化的敏感性。

一、参数假设

与前两章的假设类似，假设死亡力遵循 Makeham 定律，即个体在年龄 x 时的死亡力 $\bar{\mu}(x)$ 为

$$\bar{\mu}(x) = \mathscr{A} + \mathscr{B}\theta^x$$

因此生存函数可以写为

$$\bar{s}(x) = e^{-\int_0^{x-a} \bar{\mu}(a+s) \mathrm{d}s}$$

$$= e^{-\mathscr{A}(x-a) - \frac{\mathscr{B}}{\ln\theta}(\theta^x - \theta^a)}, \quad a \leqslant x \leqslant \omega \qquad (5\text{-}66)$$

该式满足 $\bar{s}(a) = 1$；当 $x > \omega$ 时，令 $\bar{s}(x) = 0$。在后面的数值分析中，参考 Dickson 等（2013），设 $\mathscr{A} = 2.2 \times 10^{-4}$，$\mathscr{B} = 2.7 \times 10^{-6}$，$\theta = 1.124$。

根据 Bowers 等（1997）第 20 章，根据进入年龄精算成本法，定义该养

老金应计密度函数 $m(x)$ 为

$$m(x) = \frac{\bar{s}(x)\mathrm{e}^{-\delta x}}{\int_a^r \bar{s}(y)\mathrm{e}^{-\delta y}\mathrm{d}y}, \quad a < x < r$$

其中，δ 是用于计算退休福利的利息力。对于工资率 $w(x, t)$，设 $w(x, t) = w_0 \mathrm{e}^{\alpha t + \eta(x-a)}$，其中 α 是由于通货膨胀和其他经济因素而导致的工资预期指数增长率，而 η 表示在职参保人加入养老金计划以来的生产力增长率。在数值分析中，设 $\alpha = 0.02$，$\eta = 0.01$。

此外，在本节中，设 $h(x) = \mathrm{e}^{\zeta(x-r)}$，$x \geq r$，其中 ζ 可以看作每年的生活成本调整率，ζ 值设为 0.03。

其余参数值假设如下：

- 时间范围是 15 年，即，$T = 15$。
- 参保人在 30 岁加入混合养老金计划，在 65 岁退休，即 $a = 30$，$r = 65$。
- 生命表的最大年龄为 100 岁，即式（5-66）中 $\omega = 100$。
- 单位时间加入养老金计划的人数是恒定的，$n(t) = 10$，$t \geq 0$。
- 0 时刻的工资率 $w_0 = 1$。
- 目标函数中的贴现率 $\beta = 0.01$，利息力 $\delta = 0.015$。
- 养老金替代率 $\xi = 0.5$。
- 为简化模型且不失一般性，假定金融市场由一种无风险资产和两种风险资产组成。资产模型式（5-1）和式（5-2）中的参数为 $r_0 = 0.01$，$\boldsymbol{\mu} = (0.04, \quad 0.06)'$，$\boldsymbol{\sigma} = \begin{bmatrix} 0.12 & 0.06 \\ 0.125 & 0.15 \end{bmatrix}$。
- 初始财富 $F(0) = 7000$，根据上面的假设，初始负债 $L(0) \approx 6277$。因此初始时刻盈余 $SP(0) \approx 723$，换言之，初始资金比率约为 103.6%。养老金应计负债的调整率 κ 设为 0.1。

二、二次损失函数下的数值分析

首先考虑二次损失函数下的养老金方案。在这一小节中，用蒙特卡洛模拟生成了混合养老金计划的最优投资策略、最优缴费和最优退休收益给付过程，然后研究了模型参数对最优策略的影响。

除了上述参数值的假设之外，基于损失函数的形式，对其他一些参数做出如下假设。在目标函数中，赋予平方项的权重 γ_1 和 γ_3 均设为 2。赋予退休收益不足风险的惩罚权重 γ_2 设为 25；过度缴费风险的权重 γ_4 设为 20；赋予终端时刻不连续性风险的权重 $\gamma_5 = 1$；赋予终端盈余不足风险的权重 γ_6 设为 20。

1. 最优策略的变化趋势

图 5-1 展示了在风险资产（股票）和无风险资产（债券）上最优投资比例的中位数，以及在无风险资产上投资趋势的三条样本路径。图 5-2 展示了 $B(t)$ 和 $C(t)$ 随时间变化的三条样本路径。本节中使用的参数见参数假设。

最优策略在每个时间点进行更新。可以从图 5-1（a）中观察到风险资产上最优投资比例的中位数随着时间的推移而下降，从图 5-1（b）中也可以得到类似的结论，即在无风险资产上的最优投资比例随着时间的推移而增加，并在终端时刻趋近于 1。在无风险资产上的投资比例增加是因为在目标函数中设定最小化账户所谓的不连续性风险，即在终端时间 T 时出现资金过剩或资金不足的情况。同时，通过损失函数的选择，对盈余为负的情况给予一定的惩罚。在该最优投资策略下，在 T 时刻之前养老金的财富水平对于负债的可承受性已经得到保证。因此，管理者希望逐渐缩减在风险资产上的投资以降低投资风险。

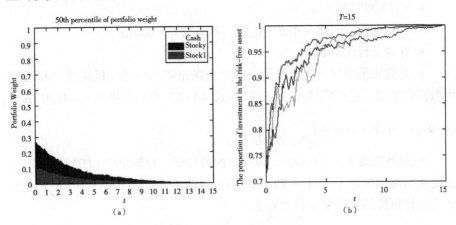

图 5-1　最优资产配置的变化趋势

在图 5-2 中，由式（5-5）定义的正常精算成本 $NC(t)$ 和式（5-6）定义的承诺收益 $PB(t)$，分别与参保人在 t 时刻的实际总缴费 $C(t)$ 和退休收益给付 $B(t)$（按照最优策略调整后）进行了比较。总收益 $B(t)$ 和缴费率 $C(t)$ 在该时间范围内均呈现上升趋势。

从图 5-2（a）中可以看出，在 0 时刻，由于养老金账户有一定的盈余，养老金收益给付的初始水平高于 $PB(t)$。而后，在图中展示的三条样本路径中，它们逐渐接近并保持在承诺收益水平 $PB(t)$ 附近，并上下波动。根据图 5-2 （b） 可以发现，初始时刻的实际缴费率在正常精算成本之下，随时间推移逐渐接近并保持在正常成本附近。造成这种现象的主要原因是由于目标函数的形式，加之考察期内调整策略所占的权重比终端盈余的权重更高。值得注意的是，目标函数 （5-21） 是为了最小化期望"损失"的贴现值。在该标准下，后期的退休收益给付和缴费调整策略对总体的贡献要小于前期。

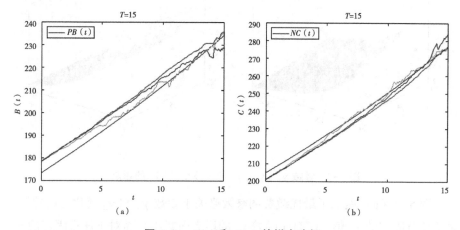

图 5-2　$B(t)$ 和 $C(t)$ 的样本路径

2. 模型参数对最优调整策略的影响

本小节研究了参数变化对最优调整策略 $\lambda_1^*(t)$ 和 $\lambda_2^*(t)$ 的影响；这些参数分别是权重参数 γ_1，γ_2，…，γ_6。为了便于分析，给出了在某一时间点 （$t = 0$） 的数值结果。$\lambda_1^*(0)$ 和 $\lambda_2^*(0)$ 的值是基于 $F(0) = 7000$ 的条件下，依据式 （5-23） 和式 （5-24） 得到。作图中使用的参数见参数假设。

图 5-3 展示了 $\lambda_1^*(0)$ 关于参数 γ_1，γ_2，γ_5 和 γ_6 的敏感性。由于混合型养老金在初始时期的财富值大于精算负债 （$SP(0) \approx 723$），因此盈余部分可以用来调整退休收益率和缴费率。从图 5-3 （a） 可以观察到，对于任何固定的 γ_2 值，$\lambda_1^*(0)$ 随着 γ_1 的增大而减小，而对于任何固定的 γ_1 值，$\lambda_1^*(0)$ 随着 γ_2 的增大而增大。由于 γ_1 表示在职参保人对实际收益与承诺收益之间平方偏差的风险规避水平，因此当 γ_1 增大时，对于收益的调整应当减少。γ_2 值较高意味着计划成员的风险厌恶程度更高，并且倾向于获得高于承诺收益的退休金，因此对收益的调整应当增大。

从图 5-3 （b） 可以发现，$\lambda_1^*(0)$ 随着 γ_5 和 γ_6 的增大而减小。其中 γ_5

是赋予终端不连续性风险的权重，这可以解释为计划成员对终端时刻代际之间风险转移的厌恶程度。当 γ_5 较高时，计划成员不愿意容忍较大的代际之间的风险转移，所以早期的盈余分配就比较保守。当 γ_6 较高时，计划成员对终端财富和应计负债之间的负偏差产生较高的风险厌恶，在初期减少对收益给付的调整，增加了计划管理者实现预期目标的可能性。

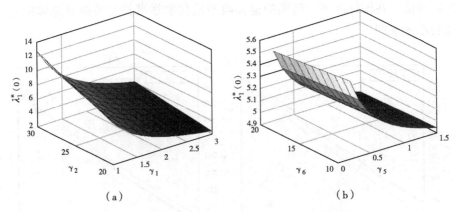

(a)   (b)

图 5-3 参数 γ_1，γ_2，γ_5 和 γ_6 对 $\lambda_1^*(0)$ 的影响

图 5-4（a）展示了最优缴费调整策略关于参数 γ_3 和 γ_4 变化的敏感性。对于任意固定的 γ_4 值，$\lambda_2^*(0)$ 随着 γ_3 的增大而减小，而对于任意固定的 γ_3 值，$\lambda_2^*(0)$ 随着 γ_4 的增大而增大。对这一现象的解释类似于上文对 $\lambda_1^*(0)$ 的分析。权重 γ_3 可以解释为与缴费率稳定性相关的风险厌恶水平，而 γ_4 意味着计划成员更愿意缴纳低于正常精算成本的费用。当 γ_4 较高时，缴费率的调整值较高，而 γ_3 较高将导致 $\lambda_2^*(0)$ 下降。

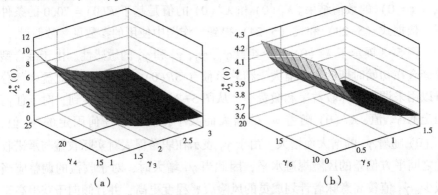

(a)   (b)

图 5-4 参数 γ_3，γ_4，γ_5 和 γ_6 对 $\lambda_2^*(0)$ 的影响

与图 5-3（b）类似，可以从图 5-4（b）中得出结论：赋予终端财富和应计负债的负偏差的惩罚权重 γ_6 越大，$\lambda_2^*(0)$ 的值越小。赋予终端不连续性风险的权重 γ_5 越大（意味着对代际之间风险分担的偏好越低），$\lambda_2^*(0)$ 的值越小。这一点很重要，可以让在职参保人在开始的几年内缴纳更高的费用，以便退休后能够实现预期的年金收益。

3. 模型参数对最优投资策略的影响

在本节中，将无风险资产上最优投资金额定义为 $\pi_0^*(t)$。我们分析了 $\pi_0^*(t)$ 在 $t=0$ 时刻关于参数 κ，T，γ_2 和 γ_4 变化的敏感性。

从图5-5（a）中可以看出在无风险资产上的最优投资金额随着时间范围 T 和参数 κ 的增大而减小，这意味着更多的养老金被投资于风险资产。在本章的模型假设下，当参数 T 和 κ 相对较小时，T 和 κ 的变化对 $\pi_0^*(0)$ 的影响不大，而随着 T 和 κ 的增大，$\pi_0^*(0)$ 减小的速度更快。根据式（5-14），精算负债的额外增长率是 κ 乘以资金比率与1的差。这表明，较高的参数值 κ 或 T 更有可能导致资金不足的风险。因此为了保证养老金的稳定性，养老金管理者必须采取激进的投资策略，增加养老金在风险资产上的投资。

参数 γ_2 是退休参保人对退休收益的负面调整的风险厌恶程度，γ_4 是在职参保人对缴费率的负面调整的风险厌恶程度。图5-5（b）表明，$\pi_0^*(0)$ 随着 γ_2（γ_4 的值固定）或 γ_4（γ_2 的值固定）的增大而减小。这是因为，为了满足预定的目标——实现更高的退休收益和更低的缴费率，更多的资金必须投资于风险资产上以期得到更高的投资回报。

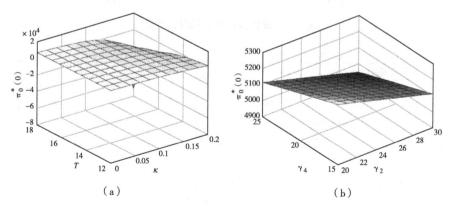

图5-5　参数 κ，T，γ_2 和 γ_4 对投资策略的影响

三、指数损失函数下的数值分析

本节对指数损失函数下的最优策略进行了数值分析。指数损失函数的参

数假设如下。设 $q_1 = q_2 = 0.1$；这些参数分别衡量了退休收益调整策略和缴费调整策略对参保人的重要程度。终端时刻对盈余水平的衡量参数 $q_3 = 15$。退休收益调整策略和缴费调整策略的权重因子分别为 $\varrho_1 = 6$ 和 $\varrho_2 = 5$，赋予终端时刻不连续性风险的权重 $\varrho_3 = 1$。本节使用的其他参数见参数假设。

1. 最优策略的变化趋势

图 5-6 展示了在风险资产（股票）和无风险资产（债券）上最优投资比例的中位数，以及在债券上最优投资比例的三条样本路径。图 5-7 展示了 $B(t)$ 和 $C(t)$ 随时间推移的三条样本路径，并分别与正常精算成本 $NC(t)$ 和承诺收益 $PB(t)$ 进行比较。图 5-6 和图 5-7 中最优策略的变化趋势均与二次损失函数下的结果类似，相应的经济解释可参考前文。

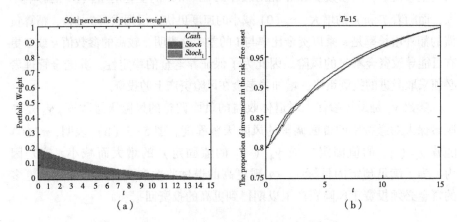

图 5-6　最优资产配置的变化趋势

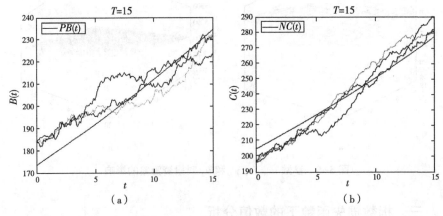

图 5-7　$B(t)$ 和 $C(t)$ 的样本路径

2. 模型参数对最优调整策略的影响

本节在确定的时间点（ $t=0$ ）研究了权重参数 ϱ_1，ϱ_2，ϱ_3，q_1，q_2 和 q_3 对最优调整策略 $\lambda_1^*(t)$ 和 $\lambda_2^*(t)$ 的影响。其他参数值均是固定的。

图 5-8 展示了退休收益的最优调整策略 $\lambda_1^*(0)$ 关于参数 ϱ_1，q_1，ϱ_3 和 q_3 变化的敏感性。图 5-9 展示了缴费率的最优调整策略 $\lambda_2^*(0)$ 关于参数 ϱ_2，q_2，ϱ_3 和 q_3 变化的敏感性。

从图 5-8（a）可以看出，在其他参数值固定的情况下，$\lambda_1^*(0)$ 随 q_1 值的增大而减小，随 ϱ_1 值的增大而增大。参数 q_1 决定了收益调整的"幅度"。当 q_1 值较大时，调整策略 $\lambda_1^*(0)$ 的负向变化将导致更大的惩罚，因此 $\lambda_1^*(0)$ 会减小。当 q_1 值确定的情况下，ϱ_1 的值增大时，赋予退休收益调整的权重变大。由于在给定的参数假设下，养老金的盈余在时间 0 是正的（ $SP(0) \approx 723$ ），所以 ϱ_1 的值越大，退休参保人对收益调整的风险规避程度越大，因此最优调整策略 $\lambda_1^*(0)$ 的值越大。与图 5-8（a）类似，从图 5-9（a）中可以得出同样的结论：$\lambda_2^*(0)$ 是关于参数 q_2 的减函数，同时是 ϱ_2 的增函数。

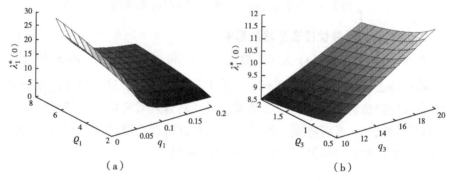

（a）　　　　　　　　　　　　　　（b）

图 5-8　参数 q_1，ϱ_1，q_3 和 ϱ_3 对 $\lambda_1^*(0)$ 的影响

从图 5-8（a）和图 5-9（a）可以看出 $\lambda_1^*(0)$ 的值关于参数 q_1 递减，$\lambda_2^*(0)$ 的值关于参数 q_2 递减。根据 Haberman 和 Elena（2002）与 Gerrard 等（2004），对于损失函数 $\mathscr{L}_\psi(x)$，其中 ψ 代表损失变量，绝对风险厌恶系数为 $\mathscr{L}_\psi''/\mathscr{L}_\psi'$，在本章中可以写为

$$\frac{\mathscr{L}_{\lambda_1}''(t;\varrho_1,q_1)}{\mathscr{L}_{\lambda_1}'(t;\varrho_1,q_1)}=-q_1,\quad \frac{\mathscr{L}_{\lambda_2}''(t;\varrho_2,q_2)}{\mathscr{L}_{\lambda_2}'(t;\varrho_2,q_2)}=-q_2$$

可以观察到参保人对 $\lambda_1^*(0)$（或 $\lambda_2^*(0)$）的风险厌恶程度取决于 q_1（或 q_2）的值。当 q_1（或 q_2）的值增大时，风险厌恶系数减小，这意味着

较高的 q_1（或 q_2）值代表较小的风险，反之则相反。

从图 5-8（b）和图 5-9（b）可以看出 $\lambda_1^*(0)$ 和 $\lambda_2^*(0)$ 均为 q_3 的增函数。这是因为当 q_3 的值较大时，对不连续性风险的厌恶程度较低，因此可以采用较高的缴费—退休收益调整幅度。当 ϱ_3 增大时，赋予终端时刻资金价值的权重增加，计划管理者在调整收益和缴费方面需要更加保守，以便在时间 T 达到预定目标。这使得 $\lambda_1^*(0)$ 和 $\lambda_2^*(0)$ 的值下降。

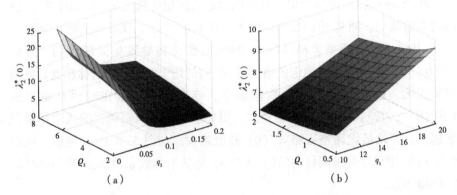

图 5-9 参数 q_2，ϱ_2，q_3 和 ϱ_3 对 $\lambda_2^*(0)$ 的影响

3. 模型参数对最优投资策略的影响

图 5-10 研究了 $\pi_0^*(t)$ 关于参数 κ，T，q_1 和 q_2 的敏感性。图 5-10（a）表明在债券上的最优投资金额 $\pi_0^*(t)$ 关于 κ 和 T 递减。这一特性的经济解释与前文的经济解释相同。也就是说，当计划管理者考虑未来较长一段时间的投资策略时，或者将更多的盈余用于调整精算负债（即 κ 更大），他/她将会采取风险更高的投资策略以实现预定目标。

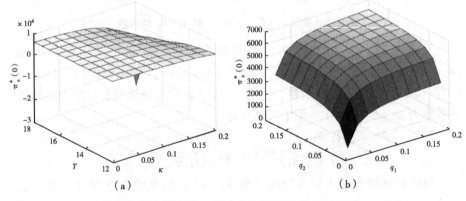

图 5-10 参数 κ，T，q_1 和 q_2 对投资策略的影响

图 5-10（b）展示了 $\pi_0^*(t)$ 关于 q_1 和 q_2 的变化情况。可以看出 $\pi_0^*(t)$ 是关于 q_1 和 q_2 的增函数。这一现象表明，当 q_1 和 q_2 的值较大时，即对于调整策略 $\lambda_1^*(0)$ 和 $\lambda_2^*(0)$ 的风险厌恶程度较低，此时投资策略比较保守，大部分养老金都投资于无风险资产。

本章小结

本章提出了一种动态的混合养老金模型，并从管理的角度对其可行性进行了研究。所有参保人在同一年龄加入该计划，在其在职期间按照工资的一定比例缴纳费用，并在退休后领取终身年金。本章考虑了在职参保人和退休参保人的"损失"，以及与养老金不连续性风险有关的终端约束，讨论了两种不同损失函数——二次损失函数和指数损失函数下的最优策略，解决了相关的随机最优控制问题。不同损失函数的结果可以满足具有不同风险偏好的计划管理者和参保人的需求，有助于在一定程度上控制风险。

研究发现，储备金（基金财富与实际负债之间的差值，包括精算负债和调整后的负债）可通过收益和缴费调整政策实现代际之间的利益共享，也可用于缓冲金融市场萧条时期养老金账户的资金减少，避免所谓的不连续性风险。因此，混合养老金计划是一种跨越时间和代际分担养老金风险（在本章中指财务风险）的方法，它能够确保当前和未来退休参保人的稳定退休收益。

第六章　随机利率背景下集体
确定缴费型养老金模型

在养老金的运营过程中，面临着市场上各种各样的风险，这些风险给养老金的收益带来了很大的不确定性。由于养老金是长期账户，因此有必要在模型中考虑利率风险。所谓利率风险是指由于利率波动而产生的年金成本不可预测的风险。年金是养老保险的一部分，利率风险通过影响养老金负债的价值和投资标的的价值来影响养老金账户的价值，同时，它通过影响退休收益的价值来影响参保人的退休生活。Boulier 等（2001）研究了DC 型养老金的最优资产配置，其中退休收益给付取决于随机利率水平。Deelstra 等（2003）在随机利率风险下，要求 DC 型养老金在终端时刻的财富水平满足最低保障约束，并使得终端财富的期望效用最大化。更多相关的研究参见 Guan 和 Liang（2014，2015），Tang 等（2018），Wang 和 Li（2018），Chang（2020）等及其中的参考文献。

短期利率是重要的经济变量之一，不仅决定了中长期利率期限结构和固定收益资产的价格，而且对其他金融资产的定价具有重要影响。在本章的研究中，考虑短期利率单因子模型的典型代表 Vasicek 模型。在随机利率模型下，为了对冲利率风险以及使市场完备化，往往引入零息债券。假设金融市场由无风险资产，股票和零息债券构成。在随机利率背景下，现金不再是无风险的，为了规避随机环境带来的风险，养老基金管理者在金融市场中进行动态资产配置以获得收益并对冲金融风险。

在本章中，考虑了连续时间下世代交叠的集体确定缴费型养老金计划的随机模型，退休收益给付取决于养老金账户的财富状况，账户的风险由不同的代际进行分担。参保人退休后获得的收益至少要满足基本的生活需求，即最低承诺收益水平。养老金计划的目标是使退休收益调整（实际收益超过承诺收益的部分）和终端财富的期望效用最大化。在 CRRA 效用下，利用随机最优控制方法推导出最优策略的显式解并对最优策略进行了数值分析。

第一节　模型描述

考虑一个集体确定缴费型养老金计划，其中包括在职参保人和退休参保人。在每一时刻，在职参保人向养老金账户缴纳的保费是工资的一定比例，而退休参保人从养老金账户中以年金的形式获得退休收益。实际退休收益取决于账户的财务状况，而退休收益的调整反过来又会影响养老金账户。

一、金融市场

本节考虑随机利率下的市场环境，金融市场由无风险资产（现金），股票和债券构成。假设 $(\Omega, \mathscr{F}, \mathbb{P})$ 是一个完备的概率空间，$T > 0$ 是有限时间节点，$\mathbb{F}: = \{\mathscr{F}_t\}_{t \in [0, T]}$ 是 $\mathbb{P}$-完备的信息流。投资者可以随时在金融市场中进行投资，且不考虑交易费用和税收等。由于养老基金是长期账户，随机利率更加符合市场实际。假设瞬时利率 $r(t)$ 服从 Vasicek 模型（Vasicek，1977）：

$$\mathrm{d}r(t) = a_r(\bar{r} - r(t))\mathrm{d}t - \sigma_r \mathrm{d}W_r(t), \; r(0) = r_0$$

其中，a_r，$\bar{r}$ 和 σ_r 为正数。Vasicek 模型具有均值回复的特性，其中 $\bar{r}$ 为回复水平，a_r 为回复速度。$W_r(t)$ 是定义在 $(\Omega, \mathscr{F}, \mathbb{P})$ 上的一维标准布朗运动。

在时刻 t，现金价格 $S_0(t)$ 服从

$$\mathrm{d}S_0(t) = r(t)S_0(t)\mathrm{d}t, \; S_0(0) = S_0 \tag{6-1}$$

假设市场中有一种零息债券，令 $R(t, T)$ 表示到期时间 T 支付 \$1 的零息债券在时刻 t 的价值。根据 Deelstra 等（2003），零息债券的价格过程可以表示为

$$\begin{cases} \mathrm{d}R(t, T) = R(t, T)[r(t)\mathrm{d}t + \sigma_r A(T - t)(\theta_r \mathrm{d}t + \mathrm{d}W_r(t))] \\ R(T, T) = 1 \end{cases}$$

其中，θ_r 为利率风险的市场价格，$\sigma_r A(T - t)$ 是债券价格的波动率，$A(t) = (1 - \mathrm{e}^{-a_r t})/a_r$。

在利率随机的情况下，现金不再是无风险的。因此管理者必须在零息债券上进行投资以规避利率风险。由于 $R(t, s)$ 的剩余期限为 $s - t \geq 0$，在购买零息债券时需要随时根据剩余期限来调整，但是市场上并没有任意剩余期限的零息债券。基于 Boulier 等（2001），Deelstra 等（2003），Guan 和

Liang（2014，2015），Wang 和 Li（2018），养老金管理者在进行投资组合时，往往引入滚动式债券，即连续投资于剩余期限为常数 K 的零息债券，记为 $R_K(t) = R(t, t + K)$。$R_K(t)$ 意味着养老金管理者在每个时刻持有的债券的剩余期限都是 K，在 Vasicek 模型下滚动式债券满足如下随机微分方程：

$$dR_K(t) = R_K(t) [r(t) dt + \sigma_r A(K) (\theta_r dt + dW_r(t))] \qquad (6-2)$$

此外，市场中还有股票可以进行投资，股票价格 $S_1(t)$ 服从的过程类似于几何布朗运动，满足下面的微分方程：

$$dS_1(t) = S_1(t) [r(t) dt + \sigma_1 (\theta_r dt + dW_r(t)) + \sigma_2 (\theta_s dt + dW_s(t))] \qquad (6-3)$$

其中，$W_s(t)$ 是与 $W_r(t)$ 相互独立的标准布朗运动，θ_s 表示 $W_s(t)$ 的市场风险价格，σ_1 和 σ_2 是常数波动率。

二、人口假设

与前面三章的假设类似，在本章考虑了非平稳年龄结构人口在一段时间内的动态变化过程。假设养老金计划的成员在年龄 a 加入养老金计划，工作直到退休年龄 k。由于缴费和退休收益给付过程都取决于人口模型，所以需要考虑人口的死亡率。假设年龄为 x 的个体的死亡力是 $\bar{\mu}(x)$。定义生存函数 $\bar{s}(x) = Pr(\mathscr{T} > x \mid \mathscr{T} > a)$，其中 $\mathscr{T}$ 是未来剩余寿命，那么 $\bar{s}(x)$ 可以表示为

$$\bar{s}(x) = e^{-\int_0^{x-a} \bar{\mu}(a+s) ds}, \quad a \leqslant x \leqslant \omega$$

其中，ω 是最大生存年龄。类似 Bowers（1997）中的符号，定义 $n(t)$ 为 t 时刻加入养老金计划的年龄为 a 的群体。那么在 t 时刻达到年龄 x 的参保人的人数为

$$n(t - (x - a)) \bar{s}(x), \quad x > a$$

其中，$t - (x - a)$ 在此处仅表示在 t（$\geqslant 0$）时刻年龄是 x 的成员在 $x - a$ 年前加入了该养老金计划。

由于退休收益取决于退休前的参考工资，因此假设养老金计划的参保人在退休前有连续的工资收入。定义 $L(t)$ 为 t 时刻达到退休年龄 k 的参保人在退休前的最终平均工资。由于参保人的工资与工作经验、生产力水平和通货膨胀等市场风险因素有关，下面假设 $L(t)$ 服从

$$dL(t) = L(t)\left[\alpha dt + \sigma_3(\theta_r dt + dW_r(t)) + \sigma_4(\theta_s dt + dW_s(t))\right] \quad (6\text{-}4)$$

其中，α 是工资增长率，σ_3 和 σ_4 是瞬时波动率。由于工资的特殊形式，可以利用市场上的现金，股票和滚动债券对其进行复制并定价。

类似第三章，对于 t 时刻年龄为 x 的参保人，为了确定该参保人退休后的养老年金给付率，此处定义一个新的变量 $\widetilde{L}(x, t)$ 作为 x 岁的参保人退休时的工资，若该参保人已经退休，即 $x \geqslant k$，则表示 $x - k$ 年前工资；若该参保人处于在职状态，即 $x < k$，则表示 $k - x$ 年后工资：

$$\widetilde{L}(x, t) = E[L(t + k - x) \mid \mathscr{F}_t] = L(t)e^{(\alpha + \sigma_3\theta_r + \sigma_4\theta_s)(k-x)}, \quad t \geqslant 0 \quad (6\text{-}5)$$

该工资是以 t 时刻退休参保人的工资作为出发点，按照指数增长率 $\alpha + \sigma_3\theta_r + \sigma_4\theta_s$ 向后/向前计算。虽然这一假设工资与参保人退休时的实际工资不同，但是在实践中工资的随机波动不会太剧烈（即 σ_3 和 σ_4 的值较小），因此该假设对后面计算正常成本和预定的退休收益时的影响可以忽略不计。其次，本章将更多地关注这种新型集体养老金计划的风险分担机制，因此简化模型便于求解下一节中提出的最优控制问题。

假设对于在 t 时刻年龄为 $x \geqslant k$ 的退休参保人，每年的退休金给付率预计为 $\xi \cdot \widetilde{L}(x, t)h(x)$，其中 ξ 是所谓的养老金替代率，$h(x)$ 为年龄相关的调整因子，且 $h(k) = 1$，适用于 $x - k$ 年前退休的参保人的初始收益调整。注意 $h(x)$ 是反映通货膨胀和经济增长因素带来的生活费调整率。

参考 Bowers 等（1997）中的精算符号，用 $\bar{a}_x^h$ 表示向年龄为 x 的参保人按照调整率 $h(y)$ 连续支付 \$1 的生命周期年金的精算现值。即

$$\bar{a}_x^h = \int_x^\omega e^{-\delta(y-x)}h(y)\frac{\bar{s}(y)}{\bar{s}(x)}dy, \quad k \leqslant x \leqslant \omega$$

其中，δ 是固定年利率。

因此，在 t 时刻达到退休年龄 k 的参保人，其未来所有退休收益的精算现值记为 ^TP_t，可以表示为

$$^TP_t = \xi \cdot \widetilde{L}(k, t)n(t - k + a)\bar{s}(k)\bar{a}_k^h$$

即按照收益 $\xi \cdot \widetilde{L}(k, t)$ 领取退休金。

根据式（6-5），在 t 时刻年龄为 $x < k$ 的参保人（在 $k - x$ 年后将会退休），其未来所有退休收益的精算现值为

$$^TP_{t+k-x} = \xi \cdot \widetilde{L}(x, t)n(t - x + a)\bar{s}(k)\bar{a}_k^h$$

根据 Bowers（1997）中介绍的精算成本法，在 t 时刻年龄达到退休年龄 k 的参保人，未来退休收入的精算现值等于其工作期间应计缴费的现值。在职参保人向养老金账户缴纳的累积资金将用于在退休时购买生命年金。因此在参保人在职期间，未来退休金的应计负债已经得到确认。为了描述个人养老金的应计精算负债，定义累积函数 $M(x)$。根据精算成本法，对于年龄为 x 的在职参保人，$M(x)$ 表示 \$1 的未来退休收益，在 x 时的应计精算负债为 $M(x)$。函数 $M(x)$ 是年龄变量的非减右连续函数，且对于 $a \leqslant x \leqslant k$，$0 \leqslant M(x) \leqslant 1$，$M(a) = 0$，$M(k) = 1$。还可以用养老金应计收益的密度函数 $m(x)$ 来定义 $M(x)$，即

$$M(x) = \int_a^x m(y)\,\mathrm{d}y, \ a \leqslant x \leqslant k$$

此处 $m(x)$ 在 $a < x < k$ 上是连续的，在 $x = a$ 点是右连续的，在 $x = k$ 点是左连续的，并且当 $x > k$，$m(x) = 0$。那么以概率密度 $m(x)$ 累积的养老金缴费，可以完全支付在年龄 a 加入养老金计划并在 $k - a$ 年后退休的参保人的退休收益，从而 $M(k) = 1$ 得以实现。上述的定义均与第四章和第五章类似。根据进入年龄精算成本方法（entry-age actuarial cost methods）定义养老金应计收益密度函数 $m(x)$，满足下式：

$$m(x) = \frac{\bar{s}(x)\mathrm{e}^{-\delta x}}{\int_a^k \bar{s}(y)\mathrm{e}^{-\delta y}\,\mathrm{d}y}, \ a < x < k$$

在加拿大新不伦瑞克省，混合型养老金计划的缴费率可以小范围调整。为了确保缴费政策的可持续性，简单地假设该集体养老金计划设定了一个固定的缴费水平。根据上面介绍的累积函数，定义精算正常成本为 $NC(t)$。此处 $NC(t)$ 是所有在职参保人在 t 时刻当期累计的未来养老金收益的精算现值，换言之，将其未来养老金收益分摊到参保人工作期间的每一年即为缴费率。使用前面介绍的符号，所有在职参保人在 t 时刻的总缴费率 $NC(t)$，可以表示为

$$NC(t) = \int_a^k \mathrm{e}^{-\delta(k-x)} \cdot {}^T P_{t+k-x} m(x)\,\mathrm{d}x$$

$$= \xi \cdot \bar{s}(k)\,\bar{a}_k^h \int_a^k \mathrm{e}^{-\delta(k-x)} L(t)\mathrm{e}^{(\alpha+\sigma_3\theta_r+\sigma_4\theta_s)(k-x)} n$$

$$(t - (x - a))m(x)\,\mathrm{d}x, \ 0 \leqslant t \leqslant T$$

$$(6-6)$$

定义 $PB(t)$ 为预先设定的 t 时刻所有退休参保人的承诺收益。根据退休

工资水平式（6-5），在 t 时刻的退休收益给付率可以表示为

$$PB(t) = \int_k^\omega n(t - x + a)\bar{s}(x)\xi \cdot \widetilde{L}(x, t)h(x)\mathrm{d}x$$

$$= \int_k^\omega n(t - x + a)\bar{s}(x)\xi \cdot L(t)\mathrm{e}^{(\alpha + \sigma_3\theta_r + \sigma_4\theta_s)(k-x)}h(x)\mathrm{d}x, \ 0 \leqslant t \leqslant T$$

$$(6-7)$$

从上述缴费和养老金给付过程可以看出正常成本 $NC(t)$ 如何为 a 岁加入养老金计划并在 $k - a$ 年后退休的参保人提供退休金 $PB(t)$。

下面对退休参保人在 t 时刻的退休收益给付进行调整。假设退休收益的"上涨"或"下降"与养老金账户财富和投资选择有关，定义一个控制变量 $Z(t)$ 作为 t 时刻退休收益率的调整因子。因此，实际退休收益给付可以定义为预定收益 $PB(t)$ 和调整收益 $Z(t)$ 之和，即

$$B(t) = PB(t) + Z(t), \ 0 \leqslant t \leqslant T \qquad (6-8)$$

三、风险分担养老金计划

前面已经对集体确定缴费型养老金的模式进行了描述，本节主要介绍养老金的政策和目标。首先建立一个集体的风险分担型养老金模型，能够在代际之间转移风险，而退休收益是有条件的，风险由所有参保人共同分担。假设投资于股票、滚动债券和现金的资金比例分别为 $\pi_S(t)$、$\pi_R(t)$ 和 $1 - \pi_S(t) - \pi_R(t)$。那么账户资产 $X(t)$ 的动态变化过程可以用下式描述：

$$\begin{cases} \mathrm{d}X(t) = X(t)\left[\pi_S(t)\dfrac{\mathrm{d}S_1(t)}{S_1(t)} + \pi_R(t)\dfrac{\mathrm{d}R_K(t)}{R_K(t)} + (1 - \pi_S(t) - \pi_R(t))\dfrac{\mathrm{d}S_0(t)}{S_0(t)}\right] \\ \qquad\quad + (NC(t) - B(t))\mathrm{d}t \\ X(0) = X_0 \end{cases}$$

$$(6-9)$$

根据式（6-1），式（6-2），式（6-3）和式（6-8），可以将式（6-9）写为

$$\begin{cases} \mathrm{d}X(t) = X(t)\{[r(t) + \pi_S(t)(\sigma_1\theta_r + \sigma_2\theta_s) + \pi_R(t)\theta_r\sigma_r A(K)]\mathrm{d}t + \pi_S(t)\sigma_2\mathrm{d}W_s(t) \\ \qquad\quad + (\pi_S(t)\sigma_1 + \pi_R(t)\sigma_r A(K))\mathrm{d}W_r(t)\} + (NC(t) - PB(t) - Z(t))\mathrm{d}t \\ X(0) = X_0 \end{cases}$$

$$(6-10)$$

下面定义 $\{\pi_S(t), \pi_R(t), Z(t)\}_{t \in [0, T]}$ 为养老金管理者在 $[0, T]$ 时间内采取的策略。这一策略包括 t 时刻投资在股票上的比例 $\pi_S(t)$，投资于滚

动债券的比例 $\pi_R(t)$ 和退休收益给付额的调整 $Z(t)$ ，$t \in [0, T]$ 。下面对可行策略进行定义。

定义 6.1 （可行策略）策略 $\{\pi_S(t), \pi_R(t), Z(t)\}_{t \in [0, T]}$ 称为可行策略，若其满足以下条件：

(1) $\{\pi_S(t)\}_{t \in [0, T]}$，$\{\pi_R(t)\}_{t \in [0, T]}$ 和 $\{Z(t)\}_{t \in [0, T]}$ 是 $\mathscr{F}_t$-可料过程；

(2) $\mathrm{E}\left[\int_0^T [(\pi_S(t))^2 + (\pi_R(t))^2 + (Z(t))^2] \mathrm{d}t\right] < +\infty$；

(3) $Z(t) \geqslant 0$。

假设所有可行策略的集合表示为 $\Pi = \{(\pi_S(t), \pi_R(t), Z(t)) : 0 \leqslant t \leqslant T\}$。本章所研究的集体确定缴费型养老金计划中，假设式 (6-10) 所描述的实际财富会影响所有退休参保人的收益总额。退休参保人的目标是退休收益带来的效用最大化，即每个时点退休收益的期望效用加权之和最大化。理想情况下，养老基金能够以稳定和可持续的方式向每一位退休参保人给付退休收益，即养老金账户在任意终端时刻 T 都应该有一个合理和公平的价值，以给付该计划承担的未来"负债"。而终端时刻盈余不足会增加养老金计划的不连续性风险并加剧代际之间的风险转移，从而危及养老金的可持续运行。因此养老金计划的另一个目标是在终端时刻保证账户资产的充足性，作为未退休参保人的财务保障。

实际上，关于养老金计划的目标很难在短期内得以实现。养老金账户的"收益"或"损失"通常可以在几年内进行摊销。由于本章考虑的养老金计划是一个世代交叠的集体养老保险计划，为了实现这一目标，计划管理者在有限的时间范围 $[t, T]$ 内，寻找最优的资产配置和退休收益调整策略，使退休收益调整（实际退休收益超出预定收益的部分）的期望现值和终端时刻 T 的账户资产的效用最大化。数学上，连续时间最优资产配置和收益分配调整问题的目标 $J(t, x, r, l)$ 可以描述如下：

$$
J(t, x, r, l) = \max_{(\pi_S(\cdot), \pi_R(\cdot), Z(\cdot)) \in \Pi} \mathrm{E}\left[\int_t^T U(Z(s)) \mathrm{e}^{-\beta s} \mathrm{d}s + \lambda U(X(T))\right.
$$

$$
\left. \mathrm{e}^{-\beta T} \mid X(t) = x, r(t) = r, L(t) = l \right]
$$

$$(6-11)$$

满足边界条件 $J(T, x, r, l) = \lambda U(X(T)) \mathrm{e}^{-\beta T}$。在式 (6-11) 中，$\lambda$ 表示权重系数，参数 β 为贴现率，效用函数 $U(Z(t))$ 和 $U(X(T))$ 分别度量退休收益风险和养老金计划的不连续性风险。

在本章中，假设参保人的偏好是由以下定义的 CRRA 效用函数来描述：

$$U(x) = \frac{1}{1-\gamma}x^{1-\gamma}, \ \gamma > 0, \ \gamma \neq 1$$

其中，γ 是相对风险厌恶系数。

第二节　最优化问题的求解

在本节中，将通过随机控制方法推导出在 CRRA 效用函数下问题 (6-11) 的最优投资策略和最优收益调整的显式表达式。

一、辅助问题的构建

优化问题 (6-11) 包括在职参保人缴费带来的资金流入和支付给退休参保人的资金流出，为了便于求解原问题，受论文 Han 和 Hung (2012)、Guan 和 Liang (2014，2015) 等的启发，在本节中引入辅助问题将原问题 (6-11) 转化成简单的投资问题。

根据式 (6-6)，所有在职参保人在 t 时刻的累计正常成本 $NC(t)$ 可以简写为

$$NC(t) = f_1(t)L(t), \ 0 \leqslant t \leqslant T \tag{6-12}$$

其中

$$f_1(t) = \xi \cdot \overline{s}(k)\overline{a}_k^h \int_a^k e^{(\alpha + \sigma_3\theta_r + \sigma_4\theta_s - \delta)(k-x)} n(t-(x-a))m(x)\,\mathrm{d}x$$

类似地，根据等式 (6-7)，并将其代入式 (6-8)，可以得到 t 时刻所有退休参保人的实际退休收益为

$$\begin{aligned} B(t) &= PB(t) + Z(t) \\ &= f_2(t)L(t) + Z(t), \ 0 \leqslant t \leqslant T \end{aligned} \tag{6-13}$$

其中，$Z(t)$ 是控制变量，且

$$f_2(t) = \int_k^\omega n(t-x+a)\overline{s}(x)\xi \cdot e^{(\alpha + \sigma_3\theta_r + \sigma_4\theta_s)(k-x)} h(x)\,\mathrm{d}x$$

根据上述式 (6-12) 和式 (6-13)，同时考虑养老基金的缴费过程和退休收益给付，将两者写为连续的现金流过程，用 $I(t)$ 表示，则其表达式为

$$I(t) = (f_1(t) - f_2(t))L(t)$$

在本章中，假设 t 时刻加入养老金计划的参保人数（年龄为 a 的参保人）是恒定的，即 $n(t)$ 是常数。那么 $I(t)$ 的微分形式类似几何布朗运动

过程。① 那么 $I(t)$ 满足如下随机微分方程：

$$dI(t) = I(t)[\alpha dt + \sigma_3(\theta_r dt + dW_r(t)) + \sigma_4(\theta_s dt + dW_s(t))] , 0 \leq t \leq T$$

下面利用衍生品定价理论对连续的现金流 $I(t)dt$ 进行复制，按照如下的步骤完成。首先，求解剩余期限 s 时刻具有 $I(s)$ 收益的资产在 t 时刻的价值 $D(t, s)$，$s \geq t$。由 $I(t)$ 的特殊形式，可以看出 $D(t, s)$ 只与 $W_r(t)$ 和 $W_s(t)$ 的风险有关，因此可以利用金融市场上的资产对其进行复制并定价。$D(t, s)$ 的性质满足下面的引理。

引理 6.1 $D(t, s)$，$t \leq s$ 的显式表达式为

$$\begin{cases} D(t, s) = I(t)e^{b_1(s-t)+b_2(s-t)r(t)} \\ D(s, s) = I(s) \end{cases} \tag{6-14}$$

其中

$$b_1(t) = \int_0^t \left[\alpha + (a_r\bar{r} - \sigma_3\sigma_r + \theta_r\sigma_r)b_2(s) + \frac{1}{2}\sigma_r^2 b_2(s)^2 \right] ds$$

$$b_2(t) = \frac{e^{-a_r t} - 1}{a_r}$$

此外，$D(t, s)$ 满足下面的偏微分方程：

$$\begin{cases} \dfrac{dD(t, s)}{D(t, s)} = r(t)dt + (\sigma_3 - b_2(s-t)\sigma_r)(\theta_r dt + dW_r(t)) + \sigma_4(\theta_s dt + dW_s(t)) \\ D(s, s) = I(s) \end{cases}$$

$$\tag{6-15}$$

下面给出引理 6.1 的详细证明过程。为了证明等式，引入定价核 $H(t)$，定义如下：

$$\frac{dH(t)}{H(t)} = -r(t)dt - \theta_r dW_r(t) - \theta_s dW_s(t) , H(0) = 1$$

首先，由下面的引理给出 $r(t)$ 的性质。

引理 6.2 随机利率 $r(t)$ 满足如下方程：

$$r(t) = (r_0 - \bar{r})e^{-a_r t} + \bar{r} - \sigma_r e^{-a_r t} \int_0^t e^{a_r s} dW_r(s)$$

且

----

① 人口风险是集体养老金计划的一个关键因素。在此类养老金计划中，新加入人数 $n(t)$ 的变化将影响账户的缴费收入和退休收益的给付。然而，本章出于简化计算的目的考虑了常数人口数，这一假设可以得到更简单明确的结果。

$$\int_t^T r(s)\,\mathrm{d}s = (r(t) - \bar{r})\frac{1 - \mathrm{e}^{-a_r(T-t)}}{a_r} + \bar{r}(T-t) - \sigma_r\int_t^T A(T-s)\,\mathrm{d}W_r(s)$$

此外，$\int_t^T r(s)\,\mathrm{d}s$ 是正态分布的随机变量，即

$$\int_t^T r(s)\,\mathrm{d}s \sim N\Big((r(t) - \bar{r})\frac{1 - \mathrm{e}^{-a_r(T-t)}}{a_r} + \bar{r}(T-t),\ \sigma_r^2\int_t^T A(T-s)^2\,\mathrm{d}s\Big)$$

证明： 由于利率 $r(t)$ 是一个 Ornstein-Uhlenbeck 过程，很容易验证第一个等式成立。下面证明第二个等式成立。

$$\begin{aligned}
\int_t^T r(s)\,\mathrm{d}s &= \int_t^T\Big[(r(t) - \bar{r})\mathrm{e}^{-a_r(s-t)} + \bar{r} - \sigma_r\mathrm{e}^{-a_r s}\int_t^s \mathrm{e}^{a_r u}\,\mathrm{d}W_r(u)\Big]\mathrm{d}s\\
&= (r(t) - \bar{r})\frac{1 - \mathrm{e}^{-a_r(T-t)}}{a_r} + \bar{r}(T-t) - \sigma_r\int_t^T \mathrm{e}^{-a_r s}\int_t^s \mathrm{e}^{a_r u}\,\mathrm{d}W_r(u)\,\mathrm{d}s\\
&= (r(t) - \bar{r})\frac{1 - \mathrm{e}^{-a_r(T-t)}}{a_r} + \bar{r}(T-t) - \sigma_r\int_t^T \frac{1 - \mathrm{e}^{-a_r(T-s)}}{a_r}\,\mathrm{d}W_r(s)\\
&= (r(t) - \bar{r})\frac{1 - \mathrm{e}^{-a_r(T-t)}}{a_r} + \bar{r}(T-t) - \sigma_r\int_t^T A(T-s)\,\mathrm{d}W_r(s)
\end{aligned}$$

由此可以得到 $\int_t^T r(s)\,\mathrm{d}s$ 满足的分布。

因此，可以得到

$$H(T) = H(t)\mathrm{e}^{N_t^T},\ 0 \leqslant t \leqslant T \tag{6-16}$$

其中

$$N_t^T = -\int_t^T r(s)\,\mathrm{d}s - \frac{1}{2}(\theta_r^2 + \theta_s^2)(T-t) - \theta_r(W_r(T) - W_r(t))$$
$$-\theta_s(W_s(T) - W_s(t))$$

下面用引理 6.3 来描述 N_t^T 的性质。

引理 6.3　N_t^T 是一个正态分布的随机变量，其期望和方差分别由下式给出：

$$\mathrm{E}[N_t^T] = -(r(t) - \bar{r})\frac{1 - \mathrm{e}^{-a_r(T-t)}}{a_r} - \bar{r}(T-t) - \frac{1}{2}(\theta_r^2 + \theta_s^2)(T-t)$$

$$\mathrm{Var}[N_t^T] = \sigma_r^2\int_t^T A(T-s)^2\,\mathrm{d}s + (\theta_r^2 + \theta_s^2)(T-t) - \frac{2\sigma_r\theta_r}{a_r}[T-t-A(T-t)]$$

证明： 首先 N_t^T 的期望很容易得出。下面计算 $\mathrm{Var}[N_t^T]$ 的值。由

$$\text{Cov}\left(\int_t^T r(s)\,\mathrm{d}s,\ W_r(T) - W_r(t)\right) = \text{E}\left[\int_t^T r(s)\,\mathrm{d}s\,(W_r(T) - W_r(t))\right]$$

$$= -\sigma_r \text{E}\left[\int_t^T A(T-s)\,\mathrm{d}W_r(s)\int_t^T \mathrm{d}W_r(s)\right]$$

$$= -\sigma_r \int_t^T A(T-s)\,\mathrm{d}s$$

$$= -\frac{\sigma_r}{a_r}[T - t - A(T-t)] \qquad (6\text{-}17)$$

根据式（6-17），可以得到

$$\text{Var}[N_t^T] = \text{Var}\left(\int_t^T r(s)\,\mathrm{d}s\right) + \text{Var}(\theta_r(W_r(T) - W_r(t)) + \theta_s(W_s(T) - W_s(t)))$$

$$+ 2\text{Cov}\left(\int_t^T r(s)\,\mathrm{d}s,\ \theta_r(W_r(T) - W_r(t))\right)$$

$$= \sigma_r^2 \int_t^T A(T-s)^2\,\mathrm{d}s + (\theta_r^2 + \theta_s^2)(T-t) - \frac{2\sigma_r\theta_r}{a_r}[T - t - A(T-t)]$$

引理 6.4 $D(t,\ s)$ 的显式表达式为

$$D(t,\ s) = I(t)\exp\left\{\left[\alpha + \sigma_3\theta_r + \sigma_4\theta_s - \frac{1}{2}(\sigma_3^2 + \sigma_4^2 + \theta_r^2 + \theta_s^2)\right](s-t)\right.$$

$$\left. + \text{E}[\widetilde{Q}(t,\ s)] + \frac{1}{2}\text{Var}[\widetilde{Q}(t,\ s)]\right\} \qquad (6\text{-}18)$$

其中

$$\text{E}[\widetilde{Q}(t,\ s)] = A(s-t)\cdot(\bar{r} - r(t)) - \bar{r}(s-t)$$

$$\text{Var}[\widetilde{Q}(t,\ s)] = \int_t^s \sigma_r^2 A(s-u)^2\,\mathrm{d}u + (\sigma_3 - \theta_r)^2(s-t) + (\sigma_4 - \theta_s)^2(s-t)$$

$$+ 2(\sigma_3 - \theta_r)\int_t^s \sigma_r A(u)\,\mathrm{d}u$$

证明： 由于 $I(t)$ 服从类似几何布朗运动的过程，可以得到

$$I(s) = I(t)\exp\left\{\left[\alpha + \sigma_3\theta_r + \sigma_4\theta_s - \frac{1}{2}(\sigma_3^2 + \sigma_4^2)\right](s-t)\right.$$

$$\left. + \sigma_3(W_r(s) - W_r(t)) + \sigma_4(W_s(s) - W_s(t))\right\}$$

根据式（6-16），可得

$$D(t,\ s) = \text{E}\left[\frac{H(s)}{H(t)}I(s)\mid \mathscr{F}_t\right]$$

$$= \text{E}\left[I(t)\exp\left\{\left[\alpha + \sigma_3\theta_r + \sigma_4\theta_s - \frac{1}{2}(\sigma_3^2 + \sigma_4^2 + \theta_r^2 + \theta_s^2)\right](s-t) + \widetilde{Q}(t,\ s)\right\}\mid \mathscr{F}_t\right]$$

$$(6\text{-}19)$$

其中

$$\widetilde{Q}(t, s) = -\int_t^s r(u) \, \mathrm{d}u + (\sigma_3 - \theta_r)(W_r(s) - W_r(t)) + (\sigma_4 - \theta_s)$$
$$(W_s(s) - W_s(t))$$

可以看出 $\widetilde{Q}(t, s)$ 也是正态分布随机变量。与引理 6.3 中推导 N_t^T 期望和方差的方法类似，得到 $\widetilde{Q}(t, s)$ 的期望和方差如下：

$$E[\widetilde{Q}(t, s)] = A(s - t) \cdot (\bar{r} - r(t)) - \bar{r}(s - t)$$

$$\mathrm{Var}[\widetilde{Q}(t, s)] = \int_t^s \sigma_r^2 A(s - u)^2 \mathrm{d}u + (\sigma_3 - \theta_r)^2(s - t) + (\sigma_4 - \theta_s)^2(s - t)$$
$$+ 2(\sigma_3 - \theta_r)\int_t^s \sigma_r A(u) \, \mathrm{d}u$$

因此，

$$E[\exp\{\widetilde{Q}(t, s)\} \mid \mathscr{F}_t] = \int_{-\infty}^{\infty} \exp\left\{-\frac{(x - E[\widetilde{Q}(t, s)])^2}{2\mathrm{Var}[\widetilde{Q}(t, s)]}\right\} \frac{\mathrm{e}^x}{\sqrt{2\pi\mathrm{Var}[\widetilde{Q}(t, s)]}} \mathrm{d}x$$

$$= \frac{1}{\sqrt{2\pi}}\int_{-\infty}^{\infty} \exp\left(-\frac{y^2}{2}\right) \exp\left\{E[\widetilde{Q}(t, s)] + \frac{1}{2}\mathrm{Var}[\widetilde{Q}(t, s)]\right\} \mathrm{d}y$$

$$= \exp\left\{E[\widetilde{Q}(t, s)] + \frac{1}{2}\mathrm{Var}[\widetilde{Q}(t, s)]\right\}$$

$$(6\text{-}20)$$

将式（6-20）代入式（6-19），可以得到 $D(t, s)$ 的显式表达式。

通过简单计算可以得到式（6-14）等于式（6-18）。因此可以证明 $D(t, s)$ 的微分满足随机微分方程（6-15）。至此引理 6.1 证毕。

上面定义的 $D(t, s)$ 表示一个剩余期限为 s 具有收益 $I(s)$ 的资产在 t 时刻的价格。通过对 $D(t, s)$ 在 $[t, T]$ 中关于 s 积分，可以得到 t 到 T 之间的现金流 $I(s)$ 在 t 时刻的价值。定义一个新的过程

$$G(t) = \int_t^T D(t, s) \, \mathrm{d}s$$

那么对 $G(t)$ 求微分得

$$\mathrm{d}G(t) = -I(t)\mathrm{d}t + r(t)G(t)\mathrm{d}t + \sigma_4 G(t)(\theta_s \mathrm{d}t + \mathrm{d}W_s(t))$$
$$+ (\theta_r \mathrm{d}t + \mathrm{d}W_r(t))\int_t^T D(t, s)(\sigma_3 - b_2(s - t)\sigma_r)\mathrm{d}s \quad (6\text{-}21)$$

下面给出关于 $G(t)$ 的命题。

命题 6.1 假设 $\pi_S^G(t)$, $\pi_R^G(t)$ 和 $1 - \pi_S^G(t) - \pi_R^G(t)$ 分别表示投资于股票、滚动债券和现金账户的投资比例，则 $G(t)$ 可以按照如下过程被市场上的资产复制：

$$\frac{\mathrm{d}G(t) + I(t)\mathrm{d}t}{G(t)} = \pi_S^G(t)\frac{\mathrm{d}S_1(t)}{S_1(t)} + \pi_R^G(t)\frac{\mathrm{d}R_K(t)}{R_K(t)}$$
$$+ (1 - \pi_S^G(t) - \pi_R^G(t))\frac{\mathrm{d}S_0(t)}{S_0(t)}$$

其中

$$\begin{cases} \pi_R^G(t) = \dfrac{\sigma_2\displaystyle\int_t^T D(t, s)(\sigma_3 - b_2(s - t)\sigma_r)\mathrm{d}s - \sigma_1\sigma_4 G(t)}{\sigma_2\sigma_r A(K)G(t)} \\[4mm] \pi_S^G(t) = \dfrac{\sigma_4}{\sigma_2} \end{cases} \quad (6\text{-}22)$$

证明： 根据市场资产价格过程的假设，通过比较方程（6-21），方程（6-1），方程（6-2）和方程（6-3）的系数，很容易验证。证毕。

在本节的假设下，定义盈余过程 $Y(t) \equiv X(t) + G(t)$, 关于 $Y(t)$ 求微分有

$$\mathrm{d}Y(t) = Y(t)\left[\pi_S^Y(t)\frac{\mathrm{d}S_1(t)}{S_1(t)} + \pi_R^Y(t)\frac{\mathrm{d}R_K(t)}{R_K(t)} + (1 - \pi_S^Y(t) - \pi_R^Y(t))\frac{\mathrm{d}S_0(t)}{S_0(t)}\right] - Z(t)\mathrm{d}t$$

$$(6\text{-}23)$$

其中

$$\begin{cases} Y(t) \cdot \pi_R^Y(t) = X(t) \cdot \pi_R(t) + G(t) \cdot \pi_R^G(t) \\ Y(t) \cdot \pi_S^Y(t) = X(t) \cdot \pi_S(t) + G(t) \cdot \pi_S^G(t) \end{cases}$$

根据式（6-1），式（6-2）和式（6-3），可以将式（6-23）改写为

$$\begin{cases} \mathrm{d}Y(t) = Y(t)\{[r(t) + \pi_S^Y(t)(\sigma_1\theta_r + \sigma_2\theta_s) + \pi_R^Y(t)\theta_r\sigma_r A(K)]\mathrm{d}t \\ + \pi_S^Y(t)\sigma_2\mathrm{d}W_s(t) + (\pi_S^Y(t)\sigma_1 + \pi_R^Y(t)\sigma_r A(K))\mathrm{d}W_r(t)\} - Z(t)\mathrm{d}t \\ Y_0 = X_0 + G_0 \end{cases}$$

$$(6\text{-}24)$$

如果按照方程（6-24）得出的策略 $(\pi_S(t), \pi_R(t), Z(t)) \in \Pi$, 则称 $(\pi_S^Y(t), \pi_R^Y(t), Z(t))$ 为可行策略。若 $(\pi_S^Y(t), \pi_R^Y(t), Z(t))$ 是可行的，记 $(\pi_S^Y(t), \pi_R^Y(t), Z(t)) \in \Pi$ 。因此原优化问题（6-11）可以转化为以下问题：

$$\begin{cases} \max_{(\pi_S^Y(\cdot),\ \pi_R^Y(\cdot),\ Z(\cdot))\in\Pi} E\left[\int_t^T U(Z(s))e^{-\beta s}ds + \lambda U(Y(T))e^{-\beta T}\right] \\ s.t.\ (6-24) \end{cases} \qquad (6-25)$$

二、辅助问题的解

在本节中，利用动态规划方法对问题（6-25）进行求解。定义问题（6-25）的价值函数 $V(t,\ y,\ r)$ 为

$$V(t,\ y,\ r) = \max_{(\pi_S^Y(\cdot),\ \pi_R^Y(\cdot),\ Z(\cdot))\in\Pi} E\left[\int_t^T U(Z(s))e^{-\beta s}ds + \lambda U(Y(T))\right.$$
$$\left. e^{-\beta T} \mid Y(t) = y,\ r(t) = r\right]$$

满足边界条件 $V(T,\ y,\ r) = \lambda U(Y(T))e^{-\beta T}$，$0 \le t \le T$，$y > 0$。

首先，推导出上述随机最优控制问题（6-25）对应的 HJB 方程如下：

$$\sup_{(\pi_S^Y,\ \pi_R^Y,\ z)\in\Pi}\{V_t + \{y[r + \pi_S^Y(\sigma_1\theta_r + \sigma_2\theta_s) + \pi_R^Y\sigma_r\theta_r A(K)] - z\}V_y$$

$$+ \frac{1}{2}y^2[(\pi_S^Y\sigma_1 + \pi_R^Y\sigma_r A(K))^2 + (\pi_S^Y\sigma_2)^2]V_{yy} + a_r(\bar{r} - r)V_r + \frac{1}{2}\sigma_r^2 V_{rr}$$

$$- \sigma_r y(\pi_S^Y\sigma_1 + \pi_R^Y\sigma_r A(K))V_{ry} + U(z)e^{-\beta t}\} = 0 \qquad (6-26)$$

且 $V(T,\ y,\ r) = \lambda U(Y(T))e^{-\beta T}$，其中 V_t，V_y，V_{yy}，V_r，V_{rr} 和 V_{ry} 为 $V(t,\ y,\ r)$ 的偏导数。更多有关细节可以参见 Fleming 和 Soner（2006）。

为了简单起见，假设 $u_1 = \pi_S^Y\sigma_1 + \pi_R^Y\sigma_r A(K)$，$u_2 = \pi_S^Y$。利用 HJB 方程的一阶条件，将式（6-26）关于 u_1，u_2 和 z 求导，并令导数为 0，得到

$$u_1^* = \frac{\sigma_r V_{ry} - \theta_r V_y}{y V_{yy}}$$

$$u_2^* = -\frac{\theta_s V_y}{\sigma_2 y V_{yy}} \qquad (6-27)$$

以及最优退休收益调整策略

$$z^* = (e^{\beta t}V_y)^{-\frac{1}{\gamma}} \qquad (6-28)$$

显然，在策略 u_1 和 u_2 下上式取最大值的充分条件为

$$V_{yy} < 0 \qquad (6-29)$$

在得到 V 的表达式后，将证明此条件。

下面的定理阐述了辅助问题的最优投资组合策略和退休收益调整策略。

定理 6.1　在 CRRA 效用函数下，可以得到辅助问题的最优退休收益调整策略和最优投资策略如下：

$$Z^*(t) = \frac{Y^*(t)}{Q(t, r)} \qquad (6\text{-}30)$$

$$\pi_S^{Y*}(t) = \frac{\theta_s}{\gamma \sigma_2} \qquad (6\text{-}31)$$

$$\pi_R^{Y*}(t) = \frac{1}{\sigma_r A(K)}\left[\frac{\theta_r}{\gamma} - \frac{\sigma_1 \theta_s}{\gamma \sigma_2} - \frac{\sigma_r Q_r(t, r)}{Q(t, r)}\right] \qquad (6\text{-}32)$$

价值函数为

$$V(t, y, r) = e^{-\beta t}\frac{y^{1-\gamma}}{1-\gamma}Q(t, r)^\gamma$$

这里

$$Q(t, r) = \int_t^T e^{p_1(s)+p_2(s)r(s)}\,\mathrm{d}s + \lambda^{\frac{1}{\gamma}}e^{p_1(t)+p_2(t)r(t)}$$

$$Q_r(t, r) = \int_t^T p_2(s)e^{p_1(s)+p_2(s)r(s)}\,\mathrm{d}s + \lambda^{\frac{1}{\gamma}}p_2(t)e^{p_1(t)+p_2(t)r(t)}$$

其中,$p_1(t)$ 和 $p_2(t)$ 如下:

$$\begin{cases} p_2(t) = \dfrac{\gamma-1}{\gamma a_r}(e^{-a_r(T-t)} - 1) \\ p_1(t) = \displaystyle\int_t^T \frac{1}{2}\left[\sigma_r^2 p_2(s)^2 + a_r\bar{r}p_2(s) + \frac{1-\gamma}{\gamma^2}\theta_s^2 - \frac{\beta}{\gamma}\right]\mathrm{d}s \end{cases}$$

下面给出定理 6.1 的详细证明过程。

首先,将式（6-27）和式（6-28）代入 HJB 方程（6-26），可以得到 $V(t, y, r)$ 满足的偏微分方程:

$$V_t + ryV_y + a_r(\bar{r} - r)V_r + \frac{1}{2}\sigma_r^2 V_{rr} - \frac{(\theta_r V_y - \sigma_r V_{ry})^2}{V_{yy}}$$

$$+ \frac{\sigma_r V_{ry} - \theta_r V_y - \theta_s^2}{2V_{yy}} + \frac{\gamma}{1-\gamma}(e^{-\beta t})^{\frac{1}{\gamma}}V_y^{\frac{\gamma-1}{\gamma}} = 0 \qquad (6\text{-}33)$$

猜测方程（6-26）解的形式如下:

$$V(t, y, r) = \frac{y^{1-\gamma}}{1-\gamma}Q(t, r)^\gamma e^{-\beta t} \qquad (6\text{-}34)$$

且 $Q(T, r) = \lambda^{\frac{1}{\gamma}}$。

将式（6-34）代入 HJB 方程（6-33）并整理得

$$e^{-\beta t}\frac{\gamma}{1-\gamma}y^{1-\gamma}Q^{\gamma-1}\left[Q_t + \left(\frac{1-\gamma}{\gamma}r - \frac{\beta}{\gamma} + \frac{1-\gamma}{\gamma^2}\theta_s^2\right)Q + a_r(\bar{r} - r)Q_r + \frac{1}{2}\sigma_r^2 Q_{rr} + 1\right] = 0$$

上述方程两边消除 y，可以得到如下等式:

$$Q_t + \left(\frac{1-\gamma}{\gamma}r - \frac{\beta}{\gamma} + \frac{1-\gamma}{\gamma^2}\theta_s^2\right)Q + a_r(\bar{r} - r)Q_r + \frac{1}{2}\sigma_r^2 Q_{rr} + 1 = 0$$

$$(6\text{-}35)$$

满足边界条件 $Q(T, r) = \lambda^{\frac{1}{\gamma}}$。

受到 Liu（2007），Chang 和 Chang（2017）的启发，在下面的引理中总结方程（6-35）的求解过程。

引理 6.5 假设 $Q(t, r) = \int_t^T q(s, r)\mathrm{d}s + \lambda^{\frac{1}{\gamma}}q(t, r)$ 是方程（6-35）的解。那么 $q(t, r)$ 满足如下等式：

$$q_t + \left(\frac{1-\gamma}{\gamma}r - \frac{\beta}{\gamma} + \frac{1-\gamma}{\gamma^2}\theta_s^2\right)q + a_r(\bar{r} - r)q_r + \frac{1}{2}\sigma_r^2 q_{rr} = 0 \quad (6\text{-}36)$$

证明：对任意 $Q(t, r)$ 引入如下微分算子：

$$\nabla Q(t, r) = \left(\frac{1-\gamma}{\gamma}r - \frac{\beta}{\gamma} + \frac{1-\gamma}{\gamma^2}\theta_s^2\right)Q + a_r(\bar{r} - r)Q_r + \frac{1}{2}\sigma_r^2 Q_{rr}$$

则方程（6-35）可以写为

$$Q_t + \nabla Q(t, r) + 1 = 0 \tag{6-37}$$

根据 $Q(t, r) = \int_t^T q(s, r)\mathrm{d}s + \lambda^{\frac{1}{\gamma}}q(t, r)$，可以得到

$$\frac{\partial Q(t, r)}{\partial t} = -q(t, r) + \lambda^{\frac{1}{\gamma}}\frac{\partial q(t, r)}{\partial t}$$

$$= \int_t^T \frac{\partial q(s, r)}{\partial s}\mathrm{d}s - q(T, r) + \lambda^{\frac{1}{\gamma}}q(t, r)$$

及

$$\nabla Q(t, r) = \int_t^T \nabla q(s, r)\mathrm{d}s + \lambda^{\frac{1}{\gamma}}\nabla q(t, r)$$

因此方程（6-37）可以写为

$$\int_t^T\left[\frac{\partial q(s, r)}{\partial s} + \nabla q(s, r)\right]\mathrm{d}s + \lambda^{\frac{1}{\gamma}}\left[\frac{\partial q(t, r)}{\partial t} + \nabla q(t, r)\right] - q(T, r) + 1 = 0$$

最后得到

$$\frac{\partial q(t, r)}{\partial t} + \nabla q(t, r) = 0$$

引理 6.6 假设 $q(t, r) = e^{p_1(t)+p_2(t)r}$ 是方程（6-36）的解。那么 $p_1(t)$ 和 $p_2(t)$ 分别由下式给出：

$$
\begin{cases}
p_2(t) = \dfrac{\gamma - 1}{\gamma a_r}(\mathrm{e}^{-a_r(T-t)} - 1) \\
p_1(t) = \displaystyle\int_t^T \left[\frac{1}{2}\sigma_r^2 p_2(s)^2 + a_r \bar{r} p_2(s) + \frac{1-\gamma}{\gamma^2}\theta_s^2 - \frac{\beta}{\gamma} \right]\mathrm{d}s
\end{cases}
\tag{6-38}
$$

证明： 将 $q(t,\ r)$ 对 t 和 r 求导可得

$$
q_t = q(t,\ r)[\dot{p}_1(t) + \dot{p}_2(t)r],\quad q_r = q(t,\ r)p_2(t),\quad q_{rr} = q(t,\ r)p_2(t)^2
$$

将所有偏导数代入式（6-36）并分离变量，有

$$
\dot{p}_1(t) - \frac{\beta}{\gamma} + \frac{1-\gamma}{\gamma^2}\theta_s^2 + a_r \bar{r} p_2(t) = 0
$$

$$
\dot{p}_2(t) + \frac{1-\gamma}{\gamma} - a_r p_2(t) = 0
$$

满足边界条件 $p_1(T) = p_2(T) = 0$。求解上述常微分方程，可以得到 $p_1(t)$ 和 $p_2(t)$ 的显式表达式由式（6-38）给出。

根据上述引理 6.5 和引理 6.6 可以得出

$$
Q(t,\ r) = \int_t^T \mathrm{e}^{p_1(s)+p_2(s)r(s)}\,\mathrm{d}s + \lambda^{\frac{1}{\gamma}}\mathrm{e}^{p_1(t)+p_2(t)r(t)}
$$

因此可以得到价值函数（6-34）的显式解。进一步地，可以得到问题（6-25）在 CRRA 效用下的最优退休收益调整策略和最优投资策略如式（6-30）至式（6-32）所示。

至此定理 6.1 证毕。

注 6.1 注意 $\gamma > 0$，显然 $Q(t,\ r) > 0$。可以证明限制条件（6-29），即 $V_{yy} = -\gamma y^{-\gamma-1}Q(t,\ r)^\gamma \mathrm{e}^{-\beta t} < 0$，可以满足。

下面的引理给出了财富过程 $Y(t)$ 的性质，将用于验证定理的证明。

引理 6.7 对任意可行策略 $\{(\pi_S^Y(t),\ \pi_R^Y(t),\ Z(t))\}_{t\in[0,\ T]}$，相应的财富过程 $Y(t)$ 满足

$$
\mathrm{E}\left[\sup_{t\in[0,T]} |\ Y(t)|^p \right] < \infty,\quad \forall p \in \mathbb{R}
$$

特别地，$Y(t) > 0, t \in [0,\ T]$。

证明： 定义 $\bar{Z}(t) = Z(t)/Y(t)$ 作为退休收益调整比率。根据式（6-24）有

$$
\mathrm{d}Y(t) = Y(t)\Big\{ \big[r(t) + \pi_S^Y(t)(\sigma_1\theta_r + \sigma_2\theta_s) + \pi_R^Y(t)\theta_r\sigma_r A(K)\big]\mathrm{d}t
$$

$$
+ \pi_S^Y(t)\sigma_2\mathrm{d}W_s(t) + (\pi_S^Y(t)\sigma_1 + \pi_R^Y(t)\sigma_r A(K))\mathrm{d}W_r(t) - \bar{Z}(t)\mathrm{d}t \Big\}
$$

根据标准随机微分方程理论，可以得到财富过程的表达式：

$$Y(t) = M_0(t)\exp\left\{\int_0^t \pi_S^Y(s)\sigma_2 \mathrm{d}W_s(s) + \int_0^t (\pi_S^Y(s)\sigma_1 + \pi_R^Y(s)\sigma_r A(K))\mathrm{d}W_r(s)\right\}$$

$$(6-39)$$

其中

$$M_0(t) = Y_0 \exp\left\{\int_0^t [r(s) - \overline{Z}(s) + \pi_S^Y(s)(\sigma_1\theta_r + \sigma_2\theta_s) + \pi_R^Y(s)\theta_r\sigma_r A(K)\right.$$

$$\left. - \frac{1}{2}(\pi_S^Y(s)\sigma_2)^2 - \frac{1}{2}(\pi_S^Y(s)\sigma_1 + \pi_R^Y(s)\sigma_r A(K))^2]\mathrm{d}s\right\}$$

由 $Y_0 > 0$ 可知 $Y(t) > 0$。

方程（6-39）表明

$$(Y(t))^p = M_0(t)^p \exp\left\{p\int_0^t \pi_S^Y(s)\sigma_2 \mathrm{d}W_s(s) + p\int_0^t (\pi_S^Y(s)\sigma_1 + \pi_R^Y(s)\sigma_r A(K))\mathrm{d}W_r(s)\right\}$$

$$\mathrm{E}\left[\sup_{t\in[0,T]} |Y(t)|^p\right] = \mathrm{E}\left[\sup_{t\in[0,T]} |(Y(t))^p|\right]$$

$$\leqslant \mathrm{E}\left[\sup_{t\in[0,T]} (M_0(t))^p\right]\mathrm{E}\left[\sup_{t\in[0,T]} \exp\left\{p\int_0^t \pi_S^Y(s)\sigma_2 \mathrm{d}W_s(s)\right.\right.$$

$$\left.\left. + p\int_0^t (\pi_S^Y(s)\sigma_1 + \pi_R^Y(s)\sigma_r A(K))\mathrm{d}W_r(s)\right\}\right]$$

由 $(\pi_S^Y(t), \pi_R^Y(t), Z(t)) \in \Pi$，可知

$$\mathrm{E}\left[\sup_{t\in[0,T]} (M_0(t))^p\right] < \infty$$

将 $\exp\left\{p\int_0^t \pi_S^Y(s)\sigma_2 \mathrm{d}W_s(s) + p\int_0^t (\pi_S^Y(s)\sigma_1 + \pi_R^Y(s)\sigma_r A(K))\mathrm{d}W_r(s)\right\}$ 写为

$$\exp\left\{p\int_0^t \pi_S^Y(s)\sigma_2 \mathrm{d}W_s(s) + p\int_0^t (\pi_S^Y(s)\sigma_1 + \pi_R^Y(s)\sigma_r A(K))\mathrm{d}W_r(s)\right\}$$

$$= \exp\left\{\int_0^t \left[\frac{p^2}{2}(\pi_S^Y(s)\sigma_2)^2 + \frac{p^2}{2}(\pi_S^Y(s)\sigma_1 + \pi_R^Y(s)\sigma_r A(K))^2\right]\mathrm{d}s\right\}$$

$$\times \exp\left\{\int_0^t \left[-\frac{p^2}{2}(\pi_S^Y(s)\sigma_2)^2 - \frac{p^2}{2}(\pi_S^Y(s)\sigma_1 + \pi_R^Y(s)\sigma_r A(K))^2\right]\mathrm{d}s\right\}$$

$$\times \exp\left\{p\int_0^t \pi_S^Y(s)\sigma_2 \mathrm{d}W_s(s) + p\int_0^t (\pi_S^Y(s)\sigma_1 + \pi_R^Y(s)\sigma_r A(K))\mathrm{d}W_r(s)\right\}$$

注意 $\pi_S^Y(t)$ 和 $\pi_R^Y(t)$ 是可行的，且由 Novikov's 条件，下式

$$\exp\left\{\int_0^t \left[-\frac{p^2}{2}(\pi_S^Y(s)\sigma_2)^2 - \frac{p^2}{2}(\pi_S^Y(s)\sigma_1 + \pi_R^Y(s)\sigma_r A(K))^2\right]\mathrm{d}s\right.$$

$$\left. + p\int_0^t \pi_S^Y(s)\sigma_2 \mathrm{d}W_s(s) + p\int_0^t (\pi_S^Y(s)\sigma_1 + \pi_R^Y(s)\sigma_r A(K))\mathrm{d}W_r(s)\right\}$$

是一个 $\mathscr{F}_t$-鞅。因此

$$\mathrm{E}\left[\exp\left\{p\int_0^t \pi_S^Y(s)\sigma_2\mathrm{d}W_s(s) + p\int_0^t (\pi_S^Y(s)\sigma_1 + \pi_R^Y(s)\sigma_r A(K))\mathrm{d}W_r(s)\right\}\right] < \infty$$

由于 $\left\{\exp\left\{p\int_0^t \pi_S^Y(s)\sigma_2\mathrm{d}W_s(s) + p\int_0^t (\pi_S^Y(s)\sigma_1 + \pi_R^Y(s)\sigma_r A(K))\mathrm{d}W_r(s)\right\}, \mathscr{F}_t\right\}$ 是一个下鞅，根据 Doob's 极大不等式得

$$\mathrm{E}\left[\sup_{t\in[0,T]} \exp\left\{p\int_0^t \pi_S^Y(s)\sigma_2\mathrm{d}W_s(s) + p\int_0^t (\pi_S^Y(s)\sigma_1 + \pi_R^Y(s)\sigma_r A(K))\mathrm{d}W_r(s)\right\}\right]^2$$

$$\leq 4\mathrm{E}\left[\exp\left\{p\int_0^t \pi_S^Y(s)\sigma_2\mathrm{d}W_s(s) + p\int_0^t (\pi_S^Y(s)\sigma_1 + \pi_R^Y(s)\sigma_r A(K))\mathrm{d}W_r(s)\right\}\right]^2 < \infty$$

因此

$$\mathrm{E}\left[\sup_{t\in[0,T]} |Y(t)|^p\right] = \mathrm{E}\left[\sup_{t\in[0,T]} |(Y(t))^p|\right] < \infty$$

证毕。

注 6.2 从引理 6.7 可以看出，$Y^*(t)$ 始终为正，因此式 (6-30) 中的 $Z^*(t)$ 也为正。由于 $Y^*(t)$ 是随机指数鞅，式 (6-31) 和式 (6-32) 给出的最优投资策略 $\pi_S^{Y*}(t)$ 和 $\pi_R^{Y*}(t)$ 独立于 $Y^*(t)$，而 $Z^*(t)$ 与 $Y^*(t)$ 线性相关。

下面证明定理 6.1 给出的策略 $(\pi_S^{Y*}(t), \pi_R^{Y*}(t), Z^*(t))$ 是辅助问题 (6-25) 的最优投资—退休收益调整策略。

定理 6.2 （验证定理） 假设 $V(t, y, r) \in C^{1,2,2}([0,T] \times \mathbb{R}^+ \times \mathbb{R}^+)$ 是 HJB 方程 (6-26) 的解，满足边界条件 $V(T, y, r) = \lambda U(Y(T))\mathrm{e}^{-\beta T}$ 且 $V(t, Y(t), r(t))$ 一致可积，那么 $V(t, y, r)$ 是问题的价值函数。如果存在最优策略 $(\pi_S^{Y*}(t), \pi_R^{Y*}(t), Z^*(t)) \in \Pi$ 使得方程 (6-26) 达到最大值，则问题 (6-25) 的最优投资—退休收益调整策略为 $(\pi_S^{Y*}(t), \pi_R^{Y*}(t), Z^*(t))$。

证明： 假设 $J(t, y, r) \in C^{1,2,2}([0,T] \times \mathbb{R}^+ \times \mathbb{R}^+)$ 是 HJB 方程 (6-26) 的解，满足边界条件 $J(T, y, r) = \lambda U(Y(T))\mathrm{e}^{-\beta T}$。那么 $J(t, y, r)$ 满足

$$\sup_{(\pi_S^Y, \pi_R^Y, z)\in\Pi}\left\{J_t + \{y[r + \pi_S^Y(\sigma_1\theta_r + \sigma_2\theta_s) + \pi_R^Y\sigma_r\theta_r A(K)] - z\}J_y\right.$$

$$+ \frac{1}{2}y^2[(\pi_S^Y\sigma_1 + \pi_R^Y\sigma_r A(K))^2 + (\pi_S^Y\sigma_2)^2]J_{yy} + a_r(\bar{r} - r)J_r + \frac{1}{2}\sigma_r^2 J_{rr}$$

$$\left. - \sigma_r y(\pi_S^Y\sigma_1 + \pi_R^Y\sigma_r A(K))J_{ry} + U(z)\mathrm{e}^{-\beta t}\right\} = 0 \tag{6-40}$$

下面定义序列

$$\tau_n := \inf\left\{t > 0 \mid \int_0^T [(\pi_S^Y(s))^2 + (\pi_R^Y(s))^2 + (Z(s))^2]\mathrm{d}s > n\right\}$$

对任意可行策略，对 $J(t, Y(t), r(t))$ 应用 Itô's 公式并由式（6-24）可得

$$J(T \wedge \tau_n, Y(T \wedge \tau_n), r(T \wedge \tau_n))$$

$$= J(t, y, r) + \int_t^{T \wedge \tau_n} \left\{ J_s(s, Y(s), r(s)) + a_r(\bar{r} - r) J_r(s, Y(s), r(s)) + \frac{1}{2} \sigma_r^2 J_{rr}(s, Y(s), r(s)) \right.$$

$$+ \{ Y(s) [r(s) + \pi_S^Y(s)(\sigma_1 \theta_r + \sigma_2 \theta_s) + \pi_R^Y(s) \sigma_r \theta_r A(K)] - Z(s) \} J_y(s, Y(s), r(s))$$

$$+ \frac{1}{2} Y(s)^2 [(\pi_S^Y(s) \sigma_1 + \pi_R^Y(s) \sigma_r A(K))^2 + (\pi_S^Y(s) \sigma_2)^2] J_{yy}(s, Y(s), r(s))$$

$$\left. - \sigma_r Y(s)(\pi_S^Y(s) \sigma_1 + \pi_R^Y(s) \sigma_r A(K)) J_{ry}(s, Y(s), r(s)) \right\} ds$$

$$+ \int_t^{T \wedge \tau_n} Y(s) \pi_S^Y(s) \sigma_2 J_y(s, Y(s), r(s)) dW_s(s) - \int_t^{T \wedge \tau_n} \sigma_r J_r(s, Y(s), r(s)) dW_r(s)$$

$$+ \int_t^{T \wedge \tau_n} Y(s)(\pi_S^Y(s) \sigma_1 + \pi_R^Y(s) \sigma_r A(K)) J_y(s, Y(s), r(s)) dW_r(s)$$

$$\leq J(t, y, r) - \int_t^{T \wedge \tau_n} U(Z(s)) e^{-\beta s} ds$$

$$+ \int_t^{T \wedge \tau_n} Y(s) \pi_S^Y(s) \sigma_2 J_y(s, Y(s), r(s)) dW_s(s) - \int_t^{T \wedge \tau_n} \sigma_r J_r(s, Y(s), r(s)) dW_r(s)$$

$$+ \int_t^{T \wedge \tau_n} Y(s)(\pi_S^Y(s) \sigma_1 + \pi_R^Y(s) \sigma_r A(K)) J_y(s, Y(s), r(s)) dW_r(s)$$

$$(6-41)$$

其中，不等式可由方程（6-40）得出。

那么根据 τ_n 的定义和引理 6.7，上述不等式的右边三项是鞅，它们的期望为 0。因此，对式（6-41）两边取条件期望得

$$E \left[J(T \wedge \tau_n, Y(T \wedge \tau_n), r(T \wedge \tau_n)) + \int_t^{T \wedge \tau_n} U(Z(s)) e^{-\beta s} ds \right] \leq J(t, y, r) < \infty \qquad (6-42)$$

根据 Markov's 不等式和定义 6.1 中的条件（2），可以得到对任意 $(\pi_S^Y(t), \pi_R^Y(t), Z(t)) \in \Pi$，

$$\int_0^T [(\pi_S(t))^2 + (\pi_R(t))^2 + (Z(t))^2] dt < +\infty, \quad P-a.s.$$

因此 $\lim_{n \to \infty} T \wedge \tau_n = T$，$P-a.s.$ 对任意 $(\pi_S^Y(t), \pi_R^Y(t), Z(t)) \in \Pi$ 都成立。

根据引理 6.7，$\{ J(t, Y(t), r(t)) \}_{t \in [0, T]}$ 的一致可积性成立。对式（6-42）应用控制收敛定理得

$$V(t, y, r)$$

$$= \sup_{(\pi_S^Y(t), \pi_R^Y(t), Z(t)) \in \Pi} E \left[\int_t^T U(Z(s)) e^{-\beta s} ds + \lambda U(Y(T)) e^{-\beta T} \right]$$

$$= \sup_{(\pi_S^Y(t),\pi_R^Y(t),Z(t))\in\Pi} \mathrm{E}\left[\lim_{n\to\infty}\left\{\int_t^{T\wedge\tau_n} U(Z(s))\mathrm{e}^{-\beta s}\mathrm{d}s + J(T\wedge\tau_n,Y(T\wedge\tau_n),r(T\wedge\tau_n))\right\}\right]$$

$$= \sup_{(\pi_S^Y(t),\,\pi_R^Y(t),\,Z(t))\in\Pi} \lim_{n\to\infty}\mathrm{E}\left[\int_t^{T\wedge\tau_n} U(Z(s))\mathrm{e}^{-\beta s}\mathrm{d}s + J(T\wedge\tau_n,\ Y(T\wedge\tau_n),\ r(T\wedge\tau_n))\right]$$

$$\leqslant J(t,\ y,\ r)$$

对最优策略 $\{(\pi_S^{Y*}(t),\ \pi_R^{Y*}(t),\ Z^*(t))\}_{t\in[0,T]}$ 以及相应的财富过程 $\{Y^*(t)\}_{t\in[0,T]}$，同样可以证明 $V(t,y,r)=J(t,y,r)$。证毕。

三、原问题的解

基于 $(\pi_S^Y,\ \pi_R^Y)$ 和 $(\pi_S,\ \pi_R)$，可以得到原问题的最优投资策略和退休收益调整策略，由下面的定理给出。

定理 6.3 在 CRRA 效用函数下，原问题（6-11）的最优策略如下：

$$Z^*(t) = \frac{X^*(t)+G(t)}{Q(t,r)}$$

$$\pi_S^*(t) = \frac{Y^*(t)}{X^*(t)}\pi_S^{Y*}(t) - \frac{G(t)}{X^*(t)}\pi_S^G(t)$$

$$\pi_R^*(t) = \frac{Y^*(t)}{X^*(t)}\pi_R^{Y*}(t) - \frac{G(t)}{X^*(t)}\pi_R^G(t)$$

满足价值函数

$$J(t,\ x,\ r,\ l) = V(t,\ x+G(t),\ r) = V(t,\ y,\ r)$$

其中，$\pi_S^G(t)$ 和 $\pi_R^G(t)$ 由式（6-22）给出，$V(t,\ y,\ r)$，$\pi_S^{Y*}(t)$ 和 $\pi_S^{Y*}(t)$ 由定理 6.1 给出。

注 6.3 值得注意的是，由式（6-22）给出的策略 $\pi_R^G(t)$ 依赖于 $I(t)$，进而依赖 $L(t)$。因此最优策略依赖于随机工资，因为 $G(t)$ 和 $\pi_R^G(t)$ 与工资水平有关。此外，该模型中的不确定性风险均来自利率和风险资产。价值函数 V 的解是光滑的。

第三节　数值分析

在上一节中，得到了随机利率下集体确定缴费型养老金模型的最优投资策略和退休收益调整策略的显式解以及价值函数。本节利用蒙特卡洛模拟法对最优策略进行数值分析，研究模型参数对最优策略的影响。

一、参数假设

在本小节中，对模型参数做出如下假设：

- 参保人加入养老金计划的初始年龄为 30 岁，退休年龄为 65 岁，即 $a = 30$，$k = 65$。生命表的最大年龄为 105 岁，即 $\omega = 105$。
- 时间范围为 20 年，即 $T = 20$。
- 随机利率的均值回复速度 a_r 为 0.1，回复水平为 0.02，即，$\bar{r} = 0.02$。波动率 σ_r 为 0.01。
- 风险的市场价格 $\theta_r = 0.035$，$\theta_s = 0.04$。
- 滚动债券的剩余期限 $K = 20$。
- 式（6-3）定义的风险资产 $S_1(t)$ 的瞬时波动率为 $\sigma_1 = 0.05$，$\sigma_2 = 0.1$。
- 随机工资 $L(t)$ 的波动率为 $\sigma_3 = 0.01$，$\sigma_4 = 0.02$，工资增长率 α 设为 0.025。
- 养老金替代率 $\xi = 0.5$。
- 计算养老年金的利息力 $\delta = 0.025$。
- 单位时间加入养老金计划的人数是恒定的，$n(t) = 10$，$t \geqslant 0$。
- 在目标函数（6-11）中，贴现率 β 为 0.02 赋予终端财富的权重 λ 为 20。
- CRRA 效用函数中的风险厌恶系数 $\gamma = 0.5$。
- 初始工资设为 $L(0) = 1$，初始财富 $X(0) = 4000$。

假设死亡力服从 Makeham's 定律，即年龄为 x 的个体的死亡力 $\bar{\mu}(x)$ 定义为

$$\bar{\mu}(x) = A + Bc^x$$

因此生存函数为

$$\bar{s}(x) = e^{-\int_0^{x-a} \bar{\mu}(a+s)\,ds}$$

$$= e^{-A(x-a) - \frac{B}{\ln c}(c^x - c^a)}, \quad a \leqslant x \leqslant \omega$$

满足 $\bar{s}(a) = 1$。当 $x > \omega$ 时，令 $s(x) = 0$。此外，参数值的假设参考了 Dickson 等（2013），令 $A = 0.00022$，$B = 2.7 \times 10^{-6}$，$c = 1.124$。

在本章中，假设生活成本的调整 $h(x) = e^{\zeta(x-r)}$，$x \geqslant r$，其中 ζ 可以看作每年的生活成本调整率，ζ 值设为 0.03。

二、参数 λ 对最优策略的影响

在本小节中，保持其他参数不变的情况下，研究了终端时刻不连续性

风险的权重参数 λ 对最优策略的影响。其他参数取值见参数假设。

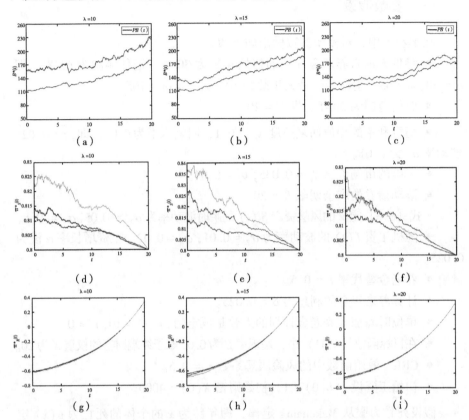

图6-1　不同 λ 值下 $B^*(t)$，$\pi_S^*(t)$ 和 $\pi_R^*(t)$ 的样本路径

图6-1 分别展示了 $B^*(t)$，$\pi_S^*(t)$ 和 $\pi_R^*(t)$ 在不同参数值 λ（=10，15，20）下的样本路径。图6-1（a），（b）和（c）比较了实际退休收益给付 $B^*(t)$ 和预先承诺收益 $PB(t)$。从图中可以看出，参数 λ 的值越大，实际退休收益 $B^*(t)$ 越小，意味着退休收益调整因子 $Z^*(t)$ 越小。根据式（6-11）定义的目标函数，参数 λ 表示赋予终端时刻不连续性风险的权重。那么 λ 的值越大，赋予终端财富的权重越高，对养老金账户保持长期可持续性运行的要求越高。此外，当 λ 的值较大时，参保人更关心养老金账户的可持续性，而不是当期个人的退休收益。因此实际退休收益给付 $B^*(t)$ 将会减少，以保证未来代际的收益，进而代际之间的利益更加紧密地联系在一起。对于最优策略 $\pi_S^*(t)$ 和 $\pi_R^*(t)$，图中给出了三条样本路径，从图中看出它们受参数 λ 影响不大。

三、参数 α 对最优策略的影响

本小节研究了工资增长率 α 对 $B^*(t)$, $\pi_S^*(t)$ 和 $\pi_R^*(t)$ 的影响。其他参数取值见参数假设。

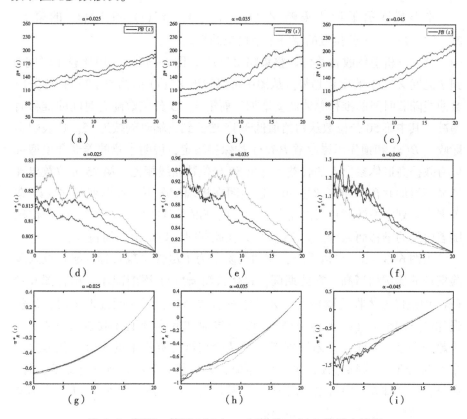

图 6-2 不同 α 值下 $B^*(t)$, $\pi_S^*(t)$ 和 $\pi_R^*(t)$ 的样本路径

类似图 6-1，在图 6-2 中通过 $B^*(t)$ 的一条样本路径来反映实际退休收益给付的变化趋势。从图中可以看出，不论 α 的取值大小，实际退休收益给付 $B^*(t)$ 均大于预先承诺收益 $PB(t)$。一方面，我们关注初始值的变化。从图 6-2 中可以看出，当 $\alpha = 0.025$ 时，初始时刻的退休收益给付 $B^*(0)$ 约为 125。对于 $\alpha = 0.035$ 和 $\alpha = 0.045$，相应的初始值 $B^*(0)$ 约为 115 和 110。换言之，$B^*(t)$ 和 $PB(t)$ 的初始值随着 α 值的增大而减小。根据式（6-6）和式（6-7），由于 α 可以看作贴现率，因此较大的贴现率导致初始值较小。另一方面，根据本章第一节的假设，当 α 值增大时，$B^*(t)$ 和 $PB(t)$ 的增长速度较快。这是由于随着 α 的增大，工资增长率更高，对 $B^*(t)$ 和 $PB(t)$

均有正向影响。对于最优策略 $\pi_S^*(t)$ 和 $\pi_R^*(t)$，可以看到 $\pi_S^*(t)$ 的样本路径随着 α 的增大而增大，而 $\pi_R^*(t)$ 的样本路径随着 α 的增大而减小。

四、最优策略的趋势分析

本小节展示了最优策略 $Z^*(t)$，$\pi_S^*(t)$，$\pi_R^*(t)$ 和 $X^*(t)$ 的第 5，25，50，75 和 95 分位数的蒙特卡洛模拟结果。

首先分析退休收益给付调整策略 $Z^*(t)$。图 6-3（a）中比较了时间 0 到 T 之间 $Z^*(t)$ 的变化趋势。从图中可以看出 $Z^*(t)$ 的第 50，75 和 95 分位数曲线随着时间的推移总体波动增加，而第 5，25 分位数随着时间的推移而递减。其中第 50 分位数从初始值低于 15 增长到终端时刻接近 15。这表明实际收益 $B(t)$ 和预先承诺收益 $PB(t)$ 均保持稳定，说明本章的养老金模型可以有效提高退休参保人的收益。与第 50 分位数曲线相比，第 95 分位数出现了显著增加并在 T 时刻超过 30，这表明在极端情况下，控制变量 $Z^*(t)$ 在养老金计划中扮演了重要的角色。相反的情况是分布的第 5 和第 25 分位数随着时间的推移而减少。第 75 分位数在此期间也显示出增加趋势。

由图 6-3（b）可以看出，在初期阶段为了尽快实现目标，账户投入风险资产的比例相当高。在此期间，最优策略 $\pi_S^*(t)$ 逐渐减小。结合图 6-3（a）中最优退休收益调整策略 $Z^*(t)$ 的有关结论，当时间接近 T 时，最优退休收益调整 $Z^*(t)$ 的值呈稳定趋势，同时实际累计退休收益给付 $B^*(t)$ 也趋于平稳。因此，计划管理者通过减少在风险资产上的投资比例 $\pi_S^*(t)$ 来降低风险，选择更为保守的投资策略，并仍然有信心达到该计划的目标。此外，从定理 6.3 中可以看出 $\pi_S^*(T)$ 是常数，可以解释图 6-3（b）中不同的分位数曲线在 T 时刻具有相同值。

从图 6-3（c）可以看出，投资在债券上的比例逐渐上升。在初始阶段投资比例为负，是由于养老金管理者更倾向于投资风险资产以获得更高的收益，因此选择卖空债券以增加对风险资产的投资。此外图 6-3（d）还展示了 $X^*(t)$ 的分位数曲线，包括第 50 分位数和某些极端情况。从图中可以看出，$X^*(t)$ 总是非负的。

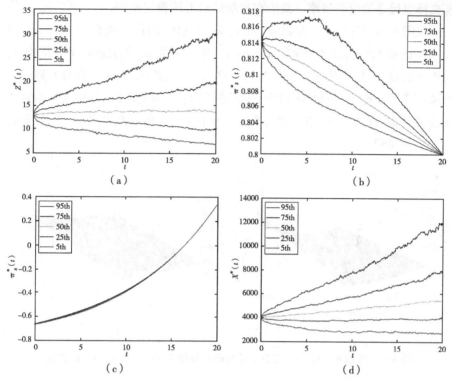

图 6-3　$Z^*(t)$，$\pi_S^*(t)$，$\pi_R^*(t)$ 和 $X^*(t)$ 的变化趋势

五、模型参数对最优投资策略的影响

本节研究了某些模型参数对最优投资策略 $\pi_R^*(t)$ 和 $\pi_S^*(t)$ 的影响。为了给出参数对最优投资策略影响的敏感性分析，给出了在确定时间点（$t = 0$）的数值结果。$\pi_R^*(0)$ 和 $\pi_S^*(0)$ 的计算结果是基于定理 6.3 以及 $L(0) = 1$ 和 $X(0) = 4000$。

如图 6-4（a）所示，资产价格模型中债券价格波动率的 σ_r 的变化范围为 $[0.005, 0.015]$，而利率风险的市场价格 θ_r 的变化范围为 $[0.03, 0.05]$。图中展示了 $\pi_R^*(0)$ 关于这两个参数的敏感性。由图 6-4（a）可知，当 θ_r 的值固定时，$\pi_R^*(0)$ 的值随 σ_r 的增大而减小；当债券价格波动率 σ_r 固定时，$\pi_R^*(0)$ 与参数 θ_r 的变化趋势相反。随着 θ_r 的增大，利率风险的市场价格变高，投资于债券可以获得更多的回报，因此养老金管理者增加对滚动债券的投资。而债券价格波动率 σ_r 越大意味着风险越大，计划管理者选择更保守的投资策略，减少在滚动债券上的投资比例。

在图6-4（b）中，参数 σ_2 和 θ_s 对 $\pi_S^*(0)$ 的影响类似于 σ_r 和 θ_r 对 $\pi_R^*(0)$ 的影响。在资产价格模型（6-3）中，参数 σ_2 代表波动率，图中 σ_2 的值从0.08开始上升到0.12。最优策略 $\pi_S^*(0)$ 随 σ_2 值的上升而下降，表明风险资产投资比例的变化趋势与风险资产波动率的变化趋势相反。参数 θ_s 是股票风险的市场价格，对 $\pi_S^*(0)$ 有正向影响，图中其波动范围为 $[0.03, 0.05]$。

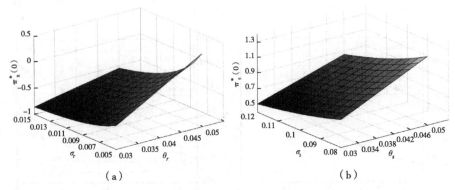

图6-4 参数 θ_r 和 σ_r 对 $\pi_R^*(0)$ 的影响；参数 θ_s 和 σ_2 对 $\pi_S^*(0)$ 的影响

本章小结

本章提出了一种动态的集体确定缴费型养老金模型，并对其可行性进行研究。模型假设所有参保人在相同年龄加入该计划，在其工作期间按工资的一定比例缴纳保费，退休后领取终身年金。养老金账户面临的风险来自利率和股票。假设利率服从 Vasicek 模型，账户资金可以投资于现金、股票和滚动债券。本章考虑退休参保人的退休收益调整的效用最大化以及与养老基金连续性有关的终端约束，解决了相关的随机最优控制问题。退休收益给付的调整是基于养老金账户的财务状况，通过代际之间的风险分担来吸收金融风险的冲击，减少退休收益的波动，确保为当前和未来退休参保人提供稳定的收益。因此，这种集体确定缴费型养老金计划是一种跨越时间和代际分担养老金风险（在此模型中为金融风险）的方式。本章讨论了 CRRA 效用下的最优策略，它可以满足计划管理者和具有一定风险偏好的参保人的需求。

参考文献

[1] Albrecht P, Maurer R. Self-annuitization, consumption shortfall in retirement and asset allocation: The annuity benchmark [J]. Journal of Pension Economics & Finance, 2002, 1 (3): 269-288.

[2] Battocchio P, Menoncin F. Optimal pension management in a stochastic framework [J]. Insurance: Mathematics and Economics, 2004, 34 (1): 79-95.

[3] Baumann R T. Hybrid pension schemes: Risk allocation and asset liability optimization [D]. Ph. D Thesis, University of St. Gallen, 2007.

[4] Baumann R T, Müller H H. Pension funds as institutions for intertemporal risk transfer [J]. Insurance: Mathematics and Economics, 2008, 42 (3): 1000-1012.

[5] Beetsma R M, Romp W E. Intergenerational risk sharing [A]. In J. Piggott and A. Woodland (eds.) Handbook of the Economics of Population Ageing, 2016: 311-380.

[6] Beetsma R M, Romp W E, Vos S J. Voluntary participation and intergenerational risk sharing in a funded pension system [J]. European Economics Review, 2012, 56 (6): 1310-1324.

[7] Berkelaar A B, Kouwenberg R, Post T. Optimal portfolio choice under loss aversion [J]. The Review of Economics and Statistics, 2004, 86 (4): 973-987.

[8] Bernard C, Ghossoub M. Static portfolio choice under cumulative prospect theory [J]. Mathematics and Financial Economics, 2010, 2: 277-306.

[9] Blake D, Wright D, Zhang Y. Target-driven investing: Optimal investment strategies in defined contribution pension plans under loss aversion [J]. Journal of Economic Dynamics and Control, 2013, 37: 195-209.

[10] Boulier J F, Huang S J, Taillard G. Optimal management under stochastic interest rates: the case of a protected defined contribution pension fund [J]. Insurance: Mathematics and Economics, 2001, 28 (2): 173-189.

[11] Boulier J F, Michel S, Wisnia V. Optimizing investment and contribution policies of a defined benefit pension fund [J]. Economic and Financial Computing, 1997, 7: 103-118.

[12] Boulier J F, Trussant E, Florens D. A dynamic model for pension funds management [C]. In Proceedings of the 5th AFIR International Colloquium, 1995, 1: 361-384.

[13] Bovenberg A L, Koijen R, Nijman T E, Teulings C. Saving and investing over the life cycle and the role of collective pension funds [J]. De Economist, 2007, 155 (4):

347-415.

　[14] Bovenberg A L, Mehlkopf R. Optimal design of funded pension schemes [J]. Annual Review of Economics, 2014, 6 (1): 445-474.

　[15] Bovenberg A L, Mehlkopf R, Nijman T E. The promise of defined ambition plans: Lessons for the United States [J]. In Mitchell, Olivia S and Shea, Richard C. Reimagining Pensions: The Next 40 Years, Oxford: Oxford University Press, 2016.

　[16] Bowers N L, Gerber H, Hickman J, Jones D, Nesbitt C. Actuarial mathematics [M]. The Society of Actuaries, 1997.

　[17] Cairns A. Some notes on the dynamics and optimal control of stochastic pension fund models in continuous time [J]. ASTIN Bulletin: The Journal of the IAA, 2000, 30 (1): 19-55.

　[18] Cairns A, Blake D, Dowd K. Stochastic lifestyling: Optimal dynamic asset allocation for defined contribution pension plans [J]. Journal of Economic Dynamics and Control, 2006, 30 (5): 843-877.

　[19] Chang H, Chang K. Optimal consumption–investment strategy under the Vasicek model: HARA utility and Legendre transform [J]. Insurance: Mathematics and Economics, 2017, 72: 215-227.

　[20] Chang H, Wang C, Fang Z, Ma D. Defined contribution pension planning with a stochastic interest rate and mean-reverting returns under the hyperbolic absolute risk aversion preference [J]. IMA Journal of Management Mathematics, 2020, 31 (2): 167-189.

　[21] Chang S, Tzeng L Y, Miao J C. Pension funding incorporating downside risks [J]. Insurance: Mathematics and Economics, 2003, 32 (2): 217-228.

　[22] Charupat N, Milevsky M A. Optimal asset allocation in life annuities: a note [J]. Insurance: Mathematics and Economics, 2002, 30 (2): 199-209.

　[23] Chen D H, Beetsma R M, Broeders D W, Pelsser A A. Sustainability of participation in collective pension schemes: An option pricing approach [J]. Insurance: Mathematics and Economics, 2017, 74: 182-196.

　[24] Chen D H, Beetsma R M, Ponds E H, Romp W E. Intergenerational risk-sharing through funded pensions and public debt [J]. Journal of Pension Economics & Finance, 2016, 15 (2): 127-159.

　[25] Chen Z, Li Z, Zeng Y, Sun J. Asset allocation under loss aversion and minimum performance constraint in a DC pension plan with inflation risk [J]. Insurance: Mathematics and Economics, 2017, 75: 137-150.

　[26] CIA. Report of the task force on target benefit plans [R]. 2015, https://www.cia- ica. ca/docs/default-source/2015/215043e. pdf.

　[27] Cox J, Huang C F. Optimal consumption and portfolio policies when asset prices fol-

low a diffusion process [J]. Journal of Economic Theory, 1989, 49 (1): 33–83.

[28] Cui J, De Jong F, Ponds E H. Intergenerational risk sharing within funded pension schemes [J]. Journal of Pension Economics and Finance, 2011, 10 (1): 1–29.

[29] Deelstra G, Grasselli M, Koehl P F. Optimal investment strategies in the presence of a minimum guarantee [J]. Insurance: Mathematics and Economics, 2003, 33 (1): 189–207.

[30] Deelstra G, Grasselli M, Koehl P F. Optimal design of the guarantee for defined contribution funds [J]. Journal of Economic Dynamics and Control, 2004, 28: 2239–2260.

[31] Devolder P, Bosch P M, Dominguez F I. Stochastic optimal control of annuity contracts [J]. Insurance: Mathematics and Economics, 2003, 33 (2): 227–238.

[32] Diamond P, Köszegi B. Quasi–hyperbolic discounting and retirement [J]. Journal of Public Economics, 2003, 87 (9–10): 1839–1872.

[33] Dickson D C, Hardy M R, Waters H R. Actuarial mathematics for life contingent risks [M]. Cambridge University Press, 2013.

[34] Dufresne D. Movements of pension contributions and fund levels when rates of return are random [J]. Journal of the Institute of Actuaries, 1988, 115 (3): 535–544.

[35] DWP. Government response to the consultation: Reshaping workplace pensions for future generations [R]. 2014, https://www.gov.uk/government/consultations/reshaping–workplace–pensions–for–future– generations.

[36] Fenge R. Pareto–efficiency of the pay–as–you–go pension system with intragenerational fairness [J]. Finanzarchiv, 1995: 357–363.

[37] Fleming W H, Soner H M. Controlled Markov processes and viscosity solutions [M]. Springer Science & Business Media, 2006, Vol. 25.

[38] Gao J. Stochastic optimal control of DC pension funds [J]. Insurance: Mathematics and Economics, 2008, 42 (3): 1159–1164.

[39] Gerrard R, Haberman S, Vigna E. Optimal investment choices post–retirement in a defined contribution pension scheme [J]. Insurance: Mathematics and Economics, 2004, 35 (2): 321–342.

[40] Gerrard R, Haberman S, Vigna E. The management of decumulation risks in a defined contribution pension plan [J]. North American Actuarial Journal, 2006, 10 (1): 84–110.

[41] Goecke O. Pension saving schemes with return smoothing mechanism [J]. Insurance: Mathematics and Economics, 2013, 53 (3): 678–689.

[42] Gollier C. Intergenerational risk – sharing and risk – taking of a pension fund [J]. Journal of Public Economics, 2008, 92 (5): 1463–1485.

[43] Gomes F J. Portfolio choice and trading volume with loss – averse investors [J].

Journal of Business, 2005, 78 (2): 675-706.

［44］Grüne L, Semmler W. Asset Pricing with Loss Aversion ［J］. Journal of Economic Dynamic and Control, 2008, 32: 3253-3274.

［45］Guan G H, Liang Z X. Optimal management of DC pension plan in a stochastic interest rate and stochastic volatility framework ［J］. Insurance: Mathematics and Economics, 2014, 57: 58-66.

［46］Guan G H, Liang Z X. Mean-variance efficiency of DC pension plan under stochastic interest rate and mean-reverting returns ［J］. Insurance: Mathematics and Economics, 2015, 61: 99-109.

［47］Guan G H, Liang Z X. Optimal management of DC pension plan under loss aversion and value-at-risk constraints ［J］. Insurance: Mathematics and Economics, 2016, 69: 224-237.

［48］Haberman S. Pension funding: the effect of changing the frequency of valuations ［J］. Insurance: Mathematics and Economics, 1993, 13 (3): 263-270.

［49］Haberman S. Stochastic investment returns and the present value of future contributions in defined benefit pension schemes ［J］. Actuarial Research Paper. City University, 1993, Vol. 49.

［50］Haberman S. Stochastic investment returns and contribution rate risk in a defined benefit pension scheme ［J］. Insurance: Mathematics and Economics, 1997, 19 (2): 127-139.

［51］Haberman S, Elena V. Optimal investment strategies and risk measures in defined contribution pension schemes ［J］. Insurance: Mathematics and Economics, 2002, 31 (1): 35-69.

［52］Haberman S, Sung J H. Dynamic approaches to pension funding ［J］. Insurance: Mathematics and Economics, 1994, 15 (2-3): 151-162.

［53］Hainaut D, Devolder P. Management of a pension fund under mortality and financial risks ［J］. Insurance: Mathematics and Economics, 2007, 41 (1): 134-155.

［54］Han N, Hung M. Optimal asset allocation for DC pension plans under inflation ［J］. Insurance: Mathematics and Economics, 2012, 51 (1): 172-181.

［55］He L, Liang Z. Optimal dynamic asset allocation strategy for ELA scheme of DC pension plan during the distribution phase ［J］. Insurance: Mathematics and Economics, 2013, 52 (2): 404-410.

［56］He L, Liang Z. Optimal assets allocation and benefit outgo policies of DC pension plan with compulsory conversion claims ［J］. Insurance: Mathematics and Economics, 2015, 61: 227-234.

［57］He X, Zhou X. Portfolio choice under cumulative prospect theory: an analytical treatment [J]. Management Science, 2011, 57: 315-331.

[58] Hoevenaars R P, Ponds E H. Valuation of intergenerational transfers in funded collective pension schemes [J]. Insurance: Mathematics and Economics, 2008, 42 (2): 578-593.

[59] Jin H, Zhou X. Behavioral portfolio selection in continuous time [J]. Mathematical Finance, 2008, 18: 385-426.

[60] Josa-Fombellida R, Rincón-Zapatero J P. Minimization of risks in pension funding by means of contributions and portfolio selection [J]. Insurance: Mathematics and Economics, 2001, 29 (1): 35-45.

[61] Josa-Fombellida R, Rincón-Zapatero J P. Optimal risk management in defined benefit stochastic pension funds [J]. Insurance: Mathematics and Economics, 2004, 34 (3): 489-503.

[62] Josa-Fombellida R, Rincón-Zapatero J P. Funding and investment decisions in a stochastic defined benefit pension plan with several levels of labor-income earnings [J]. Computers & Operations Research, 2008a, 35 (1): 47-63.

[63] Josa-Fombellida R, Rincón-Zapatero J P. Mean-variance portfolio and contribution selection in stochastic pension funding [J]. European Journal of Operational Research, 2008b, 187: 120-137.

[64] Josa-Fombellida R, Rincón-Zapatero J P. Optimal asset allocation for aggregated defined benefit pension funds with stochastic interest rates [J]. European Journal of Operational Research, 2010, 201: 211-221.

[65] Josa-Fombellida R, Rincón-Zapatero J P. Stochastic pension funding when the benefit and the risky asset follow jump diffusion processes [J]. European Journal of Operational Research, 2012, 220 (2): 404-413.

[66] Kahneman D, Tversky A. Prospect theory: an analysis of decision under risk [J]. Econometrica, 1979, 47: 363-391.

[67] Karatzas I, Lehoczky J P, Shreve, S E. Optimal portfolio and consumption decisions for a "small investor" on a finite horizon [J]. SIAM Journal on Control and Optimization, 1987, 25 (6): 1557-1586.

[68] Karatzas I, Shreve S E. Methods of Mathematical Finance [M]. Springer-Verlag, New York, 1998.

[69] Khorasanee Z M. Annuity Choices for Pensioners [J]. Journal of Actuarial Practice, 1996, 4: 229-235.

[70] Khorasanee Z M. Risk-sharing and benefit smoothing in a hybrid pension plan [J]. North American Actuarial Journal, 2013, 16 (4): 449-461.

[71] Korn R. Optimal portfolios: stochastic models for optimal investment and risk man-

agement in continuous time [M]. World Scientific, Singapore, 1997.

[72] Kortleve N. The "defined ambition" pension plan: A dutch interpretation [J]. Rotman International Journal of Pension Management, 2013, 6 (1): 6-11.

[73] Kotlikoff L J. Privatizing Social Security: How It Works and Why It Matters [J]. Social Science Electronic Publishing, 1996, 1-32.

[74] Kotlikoff L J. Simulating the privatization of social security in general equilibrium. In Privatizing Social Security [M]. University of Chicago Press, 1998: 265-311.

[75] Kuhn H W, Tucker A W. Nonlinear programming [A]. Traces and Emergence of Nonlinear Programming. Springer Basel, 2014: 583-596.

[76] Lindbeck A, Persson M. The gains from pension reform [J]. Journal of Economic Literature, 2003, 41 (1): 74-112.

[77] Mas-Colell A, Whinston M D, Green J R. Microeconomic Theory [M]. Oxford University Press, New York, 1995.

[78] Merton R C. Lifetime portfolio selection under uncertainty: The continuous-time case [J]. The Review of Economics and Statistics, 1969: 247-257.

[79] Merton R C. Optimum consumption and portfolio rules in a continuous-time model [J]. Journal of Economic Theory, 1971, 3 (4): 373-413.

[80] Merton R C. The crisis in retirement planning [J]. Harvard Business Review, 2014, 92 (7/8): 43-50.

[81] Milevsky M A. Optimal asset allocation towards the end of the life cycle: to annuitize or not to annuitize? [J]. Journal of Risk and Insurance, 1998, 65 (3): 401-426.

[82] Milevsky M A, Young V R. Annuitization and asset allocation [J]. Journal of Economic Dynamics and Control, 2007, 31 (9): 3138-3177.

[83] Munnell A H, Sass S A. New Brunswick's new shared risk pension plan [R]. Center for Retirement Research at Boston College, State and Local Pension Plans, 2013, No. 33, August.

[84] Ngwira B, Gerrard R. Stochastic pension fund control in the presence of Poisson jumps [J]. Insurance: Mathematics and Economics, 2007, 40 (2): 283-292.

[85] OECD, Pensions at a glance 2015: OECD and G20 indicators [M]. OECD Publishing, Paris, 2015.

[86] Øksendal B, Sulem A. Applied Stochastic Control for Jump Diffusions [M]. Springer-Verlag, Berlin, 2005.

[87] Pugh C, Yermo J. Funding regulations and risk sharing [A]. OECD Working Papers on Insurance and Private Pensions, 2008, No. 17, OECD Publishing. http://dx. doi. org/10. 1787/241841441002.

[88] Shin Y H, Lim B H, Choi U J. Optimal consumption and portfolio selection problem

with downside consumption constraints [J]. Applied Mathematics and Computation, 2007, 188: 1801-1811.

[89] Siegmann A H, Lucas A. Continuous-time dynamic programming for ALM with risk-averse loss functions [A]. In Proceedings of the 9th AFIR International Colloquium, 1999: 183-193.

[90] Siu T K. Fair valuation of participating policies with surrender options and regime switching [J]. Insurance: Mathematics and Economics, 2005, 37 (3): 533-552.

[91] Song J, Bi X, Li R, Zhang S. Optimal consumption and portfolio selection problems under loss aversion with downside consumption constraints [J]. Applied Mathematics and Computation, 2017, 299: 80-94.

[92] Song J, Bi X, Zhang S. Optimal portfolio and consumption models under loss aversion in infinite time horizon [J]. Probability in Engineering and Informational Sciences, 2016, 30: 553-575.

[93] Tang M L, Chen S N, Lai G C, Wu T P. Asset allocation for a DC pension fund under stochastic interest rates and inflation-protected guarantee [J]. Insurance: Mathematics and Economics, 2018, 78: 87-104.

[94] Teulings C N, De Vries C G. Generational accounting, solidarity and pension losses [J]. De Economist, 2006, 154 (1): 63-83.

[95] Thurley D. Defined ambition pension schemes [R]. House of Commons Library, Standard Note SN 6902, 2014, http://researchbriefings.parliament.uk/Research-Briefing/Summary/SN06902.

[96] Turner J A, Center P P. Hybrid pensions: Risk sharing arrangements for pension plan sponsors and participants [R]. Society of Actuaries, 2014.

[97] Tversky A, Kahneman D. Advances in prospect theory: cumulative representation of uncertainty [J]. Journal of Risk and Uncertainty, 1992, 5: 297-323.

[98] Tversky A, Kahneman D. Loss aversion in riskless choice: a reference-dependent model [J]. The Quarterly Journal of Economics, 1991, 6: 1039-1061.

[99] Van Bommel J. Intergenerational risk sharing and bank raids [R]. Working Paper, University of Oxford, 2007.

[100] Vigna E, Haberman S. Optimal investment strategy for defined contribution pension schemes [J]. Insurance: Mathematics and Economics, 2001, 28 (2): 233-262.

[101] Wang P, Li Z F. Robust optimal investment strategy for an AAM of DC pension plans with stochastic interest rate and stochastic volatility [J]. Insurance: Mathematics and Economics, 2018, 80: 67-83.

[102] Wesbroom K, Reay T. Hybrid pension plans: UK and international experience [M]. Leeds: Corporate Document Services, 2005.

[103] Westerhout E. Intergenerational risk sharing in time – consistent funded pension schemes [R]. Discussion Paper 03/2011-028, Netspar, 2011.

[104] Yong J M, Zhou X Y. Stochastic controls: Hamiltonian systems and HJB equations [M]. Springer Science & Business Media, New York, 1999.